KB266077

명리학의 정석

명지현 풀다

명지 **이승남** 지음

明知賢

들어가며

바람이 멈춘 자리에서 비로소 나를 풀다

위로만 향하는 푸르른 나무처럼, 우리는 늘 삶을 채우기 위해 마중물인 양 분주히 길을 열어 왔다. 때로는 이미 충분히 가졌음에도 불구하고 기어이 결핍을 찾아내어, 보이지 않는 道를 향해 쉼 없이 걷기도 한다.

가끔 道가 무엇인지 묻는 이들을 마주한다. 그럴 때면 내 안의 두 자아가 나지막이 답하곤 한다. 자연이 빚어낸 나는 새로운 경험을 켜켜이 쌓아 올리는 것이 道일 것이라 하고, 명리학을 연구하는 明知는 미리 학습한다고 해서 알아지는 것도 아니며, 억지로 노력한다고 찾아지는 것도 아니며, 그저 나이가 채운 시간이 자연스레 道가 되는 것일 뿐이라고 답한다.

사람은 태어나는 순간부터 이미 저마다의 길을 걷는 道人이다. 道는 사주팔자라는 정해진 틀 속에 갇혀 있는 것이 아니다. 무릎을 탁 치며 "이것이구나" 하고 미소 짓는 찰나, 세상 위에 우뚝 서 있는 나를 발견하게 된다. 그 깨달음의 환희는 어느 기쁨에 비할 바가 못된다.

바람결에 구르는 가을 단풍잎처럼 우리 또한 시절 인연에 실려 유랑한다. 바람은 우리를 밀어낸 적이 없다. 그저 머물 자리를 넌지시 알려 주었을 뿐이다. 음양의 순서 속에서 비어 있는 내 자리를 찾는 연습을 되풀이하며, 바람이 멈춘 바로 그 자리에서 비로소 道를 깨닫는다.

명리학에는 “충운(沖運)”이라는 것이 있다. 세상과 맞지 않으니 이제는 길을 달리 가라는 자연의 전언이다. 시작과 끝을 이미 알고 있는 대우주가 우리를 이끌어주고 있기에, 우리는 그저 겸손한 자세로 지금의 道만 달리하면 된다. 지금 걷는 길이 편안하다면 누군가 미리 닦아놓은 길 덕분이니 감사할 일이고, 길이 불편하다면 그것은 나의 뜻대로 만든 길이었음을 인정하고 비우고 다시 시작하라는 자연이 주는 길운(吉運)으로 받아들이면 그만이다.

우리의 시계는 내일을 향해서만 흐른다. 강연장에서 자주 하는 말이지만,

그냥 먹는 나이는 없다. 삶의 굴곡진 모퉁이에서 상처 입은 이가 있다면 건강하게 살아내 주어 고맙다고, 오래 살아달라고 간절히 당부한다. 지나온 흔적을 지울 수는 없겠지만, 다시는 그 아픈 시간으로 돌아가지 않아도 됨은 얼마나 다행한 일인가. 우리는 운(運)에 기대는 것이 아니라, 흐르는 시간과 함께 숨 쉬는 법을 배우는 중인 것이다.

책에 적힌 글자에만 치우치지 말고, 귀로 듣는 소리에만 마음을 빼앗기지 않았으면 한다. 사주팔자에 매이지 않고 때에 맞는 내 자리를 스스로 찾아내는 행운(行運)을 목격하기를 바란다.

자연이 주는 최고의 선물은 시간이다. 주어진 시간 속에서 나만의 지혜로 정성껏 道를 닦아놓으면 훗날 어느 누가 길을 물어올 때 기꺼이 내어주는 베풂 또한 참으로 아름다운 일이 되지 않을까.
이제, 밝은 지혜로 삶을 정성껏 풀어내 볼 차례다.

-明知賢 다락에서 明知-

明知賢

차 례

明知賢

1

잠재성을 들여다보다

어머니가 - 풀다

바람 소리보다
문풍지 팔랑이는 소리가
더 거슬리는 시간이다.

구들목에 엎드려, 숙제한다.
한 줄 쓰고 연필심에 침 한 번 묻히고
한 줄 읽고 뎅구르 한 바퀴 돌고

"아이고 요놈아,
송아지 밭매러 울고 가더나"
고마 나도 신경질이 난다.

눈이 감길 때쯤이면
연필심도 작정하고 기차게 부러진다.

눈만 뜨면 부엌으로 소풍을 가 본다.
셀 수도 없는 도시락은 주인 이름이 새겨져 있고

오메, 오메 오늘은
분홍 소시지, 계란말이, 분홍 소시지, 계란말이
반찬 담는 엄마 손보다 내 입이 더 빠르다.

숙제는 못해도
꿈은 선생님이다.

癸甲知

1장

잠재성을 들여다보다

1.1. 지장간(支藏干)

1.1.1. 지장간의 기본 개념

지장간(支藏干)은 하늘의 기운을 뜻하는 천간(天干)을 지지(地支) 속에 묻어두었다는 것이다. 즉, 지지(地支) 속에 들어있는 천간(天干)의 기운이 바로 지장간(支藏干)이다. 하늘의 뜻이 땅에 펼쳐지는 것과 같고, 생각과 이상이 현실의 시공간에 나타나는 것을 말한다. 그래서 지장간(支藏干)의 이치가 바로 자연의 이치와 세상의 순리를 나타내고 있다고 보면 된다.

천간(天干)은 실체가 아니라 생각과 사념이고, 보이지 않는 기운이다. 지지(地支)는 실질적인 행동이며, 현실적으로 눈에 보이는 것이다. 즉, 천간은 생각, 지지는 실체로 나타내는 것이다. 그리고 지장간은 드러나지 않은 잠재 요소이다.

- 명주(命主)에게 어떠한 사건이 일어나게 하는 잠재 요소다.
- 평소에는 잠재하고 있다가 특정 운을 만나면 사건으로 발현된다.
- 만약 지장간에 있는 글자가 원국 천간에 드러난 사람은 특정 운이 오지 않아도 늘 그것을 하는 사람이고, 그 사람에게 운이라는 요소는 그 행위를 가감(加減)시키는 것으로 나타난다.
- 그래서 지장간은 때와 장소라는 의미가 깃들어 있다고 본다.
- 때가 되어 만나게 되는 장소, 만나게 되는 환경, 물건, 사람과 같은 것이다.

1.1.2. 천간과 지장간의 비교

천간(天干)은 순수한 하나의 기운만 가지고 있지만, 지지(地支)는 두 개 또는 세 개의 천간의 기운을 품고 있다. 그래서 천간은 음양오행의 구분이 명확하고 뚜렷하지만, 지지는 천간에 비해 음양오행 다소 복잡다단하다. 예를 들어, 천간 甲과 乙은 木기운이고, 丙과 丁은 火인데 반해, 지지 寅은 甲木을 표방하지만 지장간 속에는 戊土와 甲木, 丙火 3개의 기운이 갈무리되어 있다. 지지는 시간의 흐름에 따라 천간의 의지를 실체화하는 역할을 하기에 그 속에 비교적 다양한 천간기운을 품고 있다. 실제로도 우리가 두 발을 딛고 사는 땅은 木火土金水 오행의 기운을 다 품고 있다. 좀 더 이해하기 쉽게 비유하자면 하늘의 움직임은 모두 드러나 있어 눈으로 명확히 확인할 수 있지만, 땅 속에는 무엇이 들어 있는지 파보지 않으면 잘 알 수 없다. 그래서 지장간을 알아야 지지의 성격을 제대로 파악할 수 있다. 이 지장간이라는 성분 때문에 지지의 변화는 매우 다양하며, 겉으로 드러나지 않는 숨겨진 작용도 하게 되는 것이다. 辰은 단순한 土가 아니고 물과 나무와 흙이 섞여 있는 땅이라는 것을 알아야 한다. 戌 역시 단순한 土가 아니고 쇠와 불과 흙이 섞여 있는 땅이 된다. 이와 같이 辰과 戌은 같은 土 오행이지만 성분이 다르다.

궁에 따른 지장간

- 년 지장간 : 내가 어찌할 수 없는 것(세상, 환경, 국가 차원에서 움직이는 사건 사고들)

- 월 지장간 : 사회생활 하면서 볼 사람, 만나는 일

- 일 지장간 : 개인적으로 하고 싶은 일, 해야 할 일, 만나는 사람

- 시 지장간 : 개인적으로 미래에 기획하는 일

1.1.3. 월지의 지장간

특히, 월지(月支)의 지장간(支藏干)은 그 영향력이 매우 강하여, 사회적으로 또는 직업적으로 활용이 된다. 이에 따라, 명주(命主)의 사회활동에 핵심이 되는 용신(用神)을 정하는 자리가 되므로 주의 깊게 살펴봐야 한다.

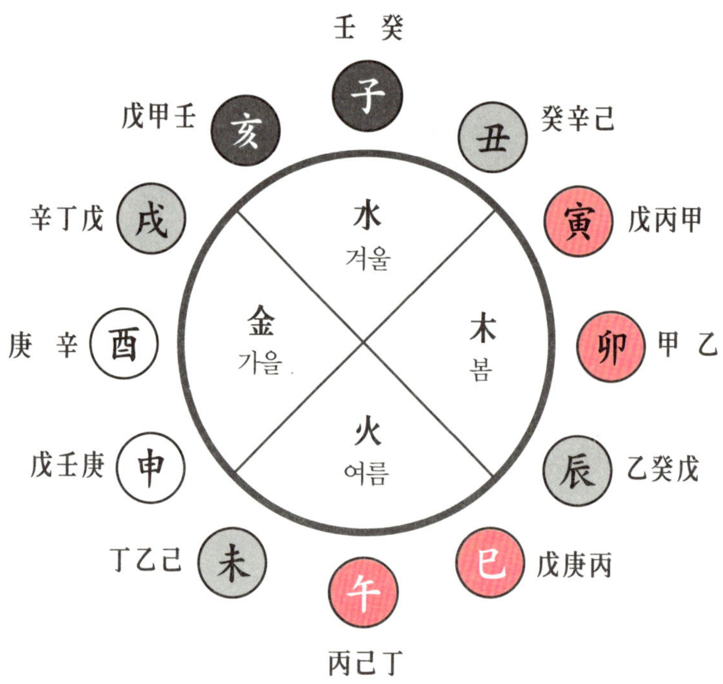

[12지지별 지장간 그림]

1.1.4. 지지 수·화의 체용변화

지지(地支)를 살필 때는 겉에 드러난 표면을 체(體)라고 말하고, 그 체(體) 속에 숨어 있는 지장간을 실제적 쓰임이라 하여 용(用)이라고 한다. 12지지 중 水기운과 火기운에 해당하는 亥, 子, 巳, 午를 제외한 나머지 여덟 글자는 체와 용이 일치하는데, 이 네 글자는 체와 용이 상이(相異)하다. 지지 자수(子水)의 경우, 체(體)는 양(陽)이지만 지장간 중 음(陰)인 계수(癸

水)가 주로 활용되므로 용(用)은 음(陰)이 된다. 그리고 지지 오화(午火)의 경우, 체(體)는 양(陽)이나 지장간 중 음(陰)인 정화(丁火)가 주로 활용되므로 용(用)은 음(陰)이 된다. 이와 반대로 사화(巳火)의 경우, 체(體)는 음(陰)이지만 지장간 중 양(陽)인 병화(丙火)가 주로 활용되므로 용(用)은 양(陽)이 된다. 또한 지지 해수(亥水)의 경우, 체(體)는 음(陰)이지만 지장간 중 양(陽)인 임수(壬水)가 주로 활용되므로 용(用)은 양(陽)이 된다. 결론적으로 巳(양), 午(음), 亥(양), 子(음)으로 활용된다.

1.2. 지장간(支藏干)의 구성

지장간은 여기(餘氣), 중기(中氣), 정기(正氣)로 구성된다. 또는 여기(餘氣)를 초기(初氣)로, 정기(正氣)를 본기(本氣)로 부르기도 한다. 중요한 것은 세 가지 기(氣)로 구성된다는 것이다.

1.2.1. 여기(餘氣)

여기(餘氣)는 해당 지지의 앞의 글자 본기(本氣)가 조금 남아 있는 것이며, 중기(中氣)는 해당 지지가 하고 싶은 것 또는 지향점이다. 그리고 마지막 정기(正氣)는 현재의 상태이다.

여기(餘氣)는 지난달의 기운이 이월되어 남아 있다는 뜻으로 직전 달의 영향이 남아 있는 것으로 본다. 그래서 지지의 모든 여기(餘氣)는 전달의 정기(正氣)를 그대로 이어받는다. 그러나 여기(餘氣)는 지난달 정기(正氣)의 여분에 불과하므로 이미 쇠퇴하고 미약하다.

1.2.2. 중기(中氣)

중기(中氣)는 월률분야에서 가장 세력이 약하고 다른 지지와 삼합(三合)을 하여만 그 기운을 드러낼 수 있는 특성을 가졌다. 중기는 마치 생기발랄한 어린아이의 꿈과 같다고 할 수 있다. 다만 지지의 왕지로 분류하는 자오묘유(子午卯酉) 중 오화(午火)를 제외한 나머지 지지는 중기가 없다.

1.2.3. 정기(正氣)

정기(正氣)는 근본 기운으로서 해당 지지의 주된 천간 에너지이기 때문에 가장 왕성한 기운이다. 따라서 정기는 지장간 중에서 가장 강력한 힘을 가지고 대들보와 같은 중추적인 작용을 한다.

정리하자면 특정 지지 속에는 2개 또는 3개의 지장간이 배속되어 있고 이렇게 배속된 지장간은 각기 다른 역할과 에너지를 가지고 있다. 그래서 하나의 지지 속 3개의 지장간을 부르는 명칭이 모두 다르다.

지지는 시간의 흐름에 따른 에너지의 변화를 나타낸 것이다. 그래서 특정 하나의 지지는 특정 월 또는 특정 시진(時辰)을 대표한다. 특히 특정 월을 대표할 때 지장간의 쓰임이 두드러지게 나타난다. 30일 안에서도 각 지장간 별 영향력을 행사하는 기간이 다르게 정해지기 때문이다.

이렇게 특정 월에서 여기, 중기, 정기가 영향력을 행사하는 기간을 구분지은 것을 월률분야라고 칭하며 다음 표와 같다.

<생·왕·묘지 별 지장간 표>

구분	생 지			왕 지			묘 지		
	여기	중기	정기	여기	중기	정기	여기	중기	정기
화 국	寅			午			戌		
지장간	戊(7)	丙(7)	甲(16)	丙(10)	己(10)	丁(10)	辛(9)	丁(3)	戊(18)
금 국	巳			酉			丑		
지장간	戊(7)	庚(7)	丙(16)	庚(10)	–	辛(20)	癸(9)	辛(3)	己(18)
수 국	申			子			辰		
지장간	戊(7)	壬(7)	庚(16)	壬(10)	–	癸(20)	乙(9)	癸(3)	戊(18)
목 국	亥			卯			未		
지장간	戊(7)	甲(7)	壬(16)	甲(10)	–	乙(20)	丁(9)	乙(3)	己(18)

※괄호안 숫자 : 30일 중 지장간별 영향력 기간

1.3. 지장간의 원리

지장간의 생성 원리 살펴보자. 봄의 왕지(旺支)인 卯부터 살펴보면, 목(木)기운이 가장 왕성한 묘(卯)의 지장간에는 천간(天干) 木기운에 해당하는 갑을(甲乙)만 있다. 이어지는 다음 글자인 진(辰)의 지장간을 보면, 여기(餘氣)인 을(乙)과 중기(中氣)인 계(癸)와 정기(正氣)인 무(戊)로 구성되어 있다. 진(辰)의 지장간 중 여기(餘氣) 을(乙)은 이전 글자 묘(卯)의 정기(正氣)가 넘어온 것이다. 그 다음 癸는 다가올 여름의 화(火)기운에 의해 증발하지 않도록 진(辰)의 중기(中氣)로 보관하고 있는 형태이다. 진토(辰土)

는 본래 양(陽)의 토(土) 기운이므로 정기(正氣)는 무(戊)가 되는 것이다.

다음으로 사(巳)는 화(火) 기운이므로 지장간에 화와 상극이 되는 수(水) 기운이 없는 것이 특징이다. 사(巳)의 이전 글자인 진(辰)의 정기(正氣) 무(戊)가 사(巳)의 여기(餘氣)가 된다. 그리고 진(辰)까지는 목(木) 기운이 왕성하여 사라졌던 금(金) 기운이 사(巳)에서 비로소 생겨나는데, 그것이 바로 사(巳)의 중기(中氣) 경(庚)이다. 마지막으로 사(巳)의 정기(正氣)는 천간의 병(丙)이 된다. 그래서 사(巳)의 지장간은 무경병(戊庚丙)으로 구성되는 것이다. 나머지 지지(地支) 글자의 지장간도 이러한 이치로 이해하면 될 것이다.

지지(地支) 열두 글자를 생·왕·묘로 구분하였을 때, 생지와 묘지의 지장간이 다소 복잡하므로 좀 더 자세히 알아보자.

1.3.1. 생지의 지장간

인신사해(寅申巳亥)의 생지(生支)는 전 글자의 정기(正氣) 토(土)가 이전되어 생지의 지장간 여기(餘氣)로 자리매김하게 된다. 따라서 생지(生支)의 여기(餘氣)는 모두 토(土)가 된다. 예를 들어 인(寅)의 경우 축(丑)에서 인(寅)으로 넘어오면서 축(丑)의 정기 기토(己土)가 인(寅)의 여기(餘氣) 무토(戊土)로 자리 잡는 것이다. 축(丑)의 정기 기토(己土)가 인(寅)의 여기(餘氣) 양토(戊土)로 바뀐 것이다. 이것은 금수(金水)의 음기(陰氣)가 다하는 시기인 축(丑)을 지나 목화(木火)의 양기(陽氣)가 시작되는 인(寅)으로 변화하는 과정이 음에서 양으로 변하는 것이기 때문이다. 또 다른 표현으로는 축(丑)에서 한기(寒氣)가 마무리되고 무토(戊土)라는 변화를 거쳐 새로운 기운이 시작됨을 나타내는 것이다. 미(未)에서 신(申)으로 넘어가는 구간도 같은 이치라 할 수 있다. 목화(木火)의 양기(陽氣)가 다하는 시기인 미(未)를 지나 금수(金水)의 음기(陰氣)가 시작되는 신(申)으로 변화하는 과정이 양에서 음으로 변하는 것이기 때문이다. 또 다른 표현으로 미(未)에서 난기(暖氣)가 마무리되고 무토(戊土)라는 변화를 거쳐 새로운 기운이 시작됨을 나타내는 것이다.

1.3.2. 묘지의 지장간

목에서 화, 화에서 금, 금에서 수, 수에서 목으로 넘어가는 길목에는 반드시 토가 있다. 즉, 각기 다른 오행을 연결해주고 변환시켜주는 것이 토의 역할이기 때문이다. 다른 표현으로는 계절과 다음 계절 사이를 연결해 주는 연결고리 역할을 하는 것이다. 수의 끝자락에 있는 축(丑)의 지장간에는 계·신·기(癸·辛·己)가 있다. 중기에 신(辛)이 자리 잡고 있는데, 이는 전 오행 왕지 유(酉)의 정기를 중기로 간직하고 있다는 것을 알 수 있다. 전 글자인 금(金)의 왕지는 유금(酉金)이고 유금의 정기는 신금(辛金)이다. 다른 묘지도 이와 같다. 다른 묘지도 살펴보자. 목기운의 끝자락에 있는 진(辰)의 지장간에는 을·계·무(乙·癸·戊)가 있는데 중기는 계수(癸水)이다. 진(辰)은 인묘진 목의 글자이고, 목의 이전 오행인 수의 왕지는 자수(子水)이다. 자수의 본기는 계수(癸水)이니 역시 토의 지장간 중기는 앞 전 오행 왕지의 정기가 들어가 있음을 알 수 있다. 화기운의 끝자락 미(未)를 살펴보자. 미(未)의 지장간은 정·을·기(丁·乙·己)가 있고 이중 을(乙)이 중기이다. 금(金) 기운의 끝자락 술(戌)에는 직전 오행 왕지 오(午)의 정기 정(丁)이 중기를 차지하고 있다. 이 진술축미(辰戌丑未)토는 묘지라고 하여 무덤이나 창고에 비유하는데, 본인 일을 마치고 편안히 휴식하는 자리 또는 결실을 보관하는 자리로 비유할 수 있다.

1.3.3. 지장간의 삼합·방합

12지지의 지장간은 삼합오행과 방합오행의 원리로 형성되고 있다. 寅午戌 삼합과 巳午未 방합의 지지에는 모두 火 오행이 있고, 申子辰 삼합과 亥子丑 방합의 지지에는 모두 水 오행이 있고, 巳酉丑 삼합과 申酉戌 방합의 지지에는 모두 金 오행이 있으며, 亥卯未 삼합과 寅卯辰 방합의 지지에는 모두 木 오행이 있다. 아울러 특정 오행의 반대 계절의 지장간에는 그 오행이 없다. 예를 들어, 여름의 火 오행의 반대 계절인 겨울의 亥子丑에는 지장간을 살펴봐도 火氣가 하나도 없다.

1.4. 지장간 구조

1.4.1. 생지(生支)

생지(生支)란 새롭게 기운이 생겨나거나, 시작된 것을 나타내는 지지(地支)다. 예를 들어, 입춘(立春)의 寅은 봄의 시작을 뜻이고, 입하(立夏)의 巳는 여름의 시작을 뜻이며, 입추(立秋)의 申은 가을의 시작을 뜻이고, 입동(立冬)의 亥는 겨울이 시작되었음을 뜻한다.

보여주고 드러내길 좋아하는 생지는 발생하는 운기며, 왕지는 성장이 완성된 전성기의 운기며, 감추길 좋아하는 묘지는 노쇠하고 갈무리하는 운기다. 寅申巳亥는 장생으로서 하나같이 밖으로 발생하는 양기로만 구성된다.

생지인 寅申巳亥의 여기(餘氣)에는 공통으로 어머니의 자궁에 비유할 수 있는 戊土로 발생하는 양의 오행이 있다. 그리고 寅은 火의 장생으로서 중기에 丙火가 나타나고, 申은 水의 장생으로서 壬水가, 巳는 金의 장생으로서 庚金이, 亥는 木의 장생으로서 甲木이 중기에 나타난다. 그래서, 지지에 寅申巳亥 생지가 있는 팔자의 천간에 각 생지가 생 해주는 글자(丙壬庚甲)가 투간(透干) 되어 있다면, 해당 글자의 기운을 잘 쓴다. 생지가 생하는 대상은 음간이 아닌 양간이기 때문이다. 이는 목화금수의 기운을 발산하여 새롭게 시작하기 위함이다. 시작은 양, 끝은 음이기 때문이다. 마지막으로 정기(正氣)는 해당 지지 원래의 기운 중 양의 기운이 들어선다. 예를 들어 寅의 경우 甲으로, 亥의 경우 壬이 정기다.

寅申巳亥월은 공통으로 戊土가 7일간 여기를 사령하고, 중기는 삼합으로 합화하는 양간의 오행이 7일간 사령하고, 정기는 매달의 16일을 관장한다.

<생지의 지장간 및 사령일>

지 지	지장간	사령일
寅	戊, 丙, 甲	7, 7, 16
申	戊, 壬, 庚	7, 7, 16
巳	戊, 庚, 丙	7, 7, 16
亥	戊, 甲, 壬	7, 7, 16

- 인신사해 생지는 시작하는 모습이라 미래 지향형이다.

- 따라서 생지월 명조를 취격할 때 여기(餘氣)인 무토는 격을 잡지 않는다.

- 생지 지장간의 무토는 지난 계절의 남은 기운이기 때문에 미래를 지향하는 생지와는 결이 다르기 때문이다.

- 시작할 때는 특정한 지향점을 두고 시작한다.

- 생지 지장간의 중기는 그 생지의 지향점이다.

- 중기는 어디까지나 지향점이고 그것을 이루기가 쉽지 않다.

- 따라서 특정 조건을 만족 시키지 못하면 생지월의 명조를 취격할 때 중기를 격으로 잡지 않는다.

1.4.2. 왕지(旺支)

왕지(旺支)란 해당 오행의 기운이 가장 왕성하게 드러나는 지지라는 뜻이다. 예를 들어, 卯는 경칩(驚蟄)이라 봄의 가운데라는 뜻이고, 午는 망종(芒種)이라 여름의 가운데라는 뜻이며, 酉는 백로(白露)라 가을의 가운데라는 뜻이고, 子는 대설(大雪)로 겨울의 가운데라는 뜻이다.

子午卯酉는 이미 성장한 왕기로서 중기가 없으며, 오행도 순수하다. 子에는 壬癸水만 있고, 卯에는 甲乙木만 있으며, 酉에는 庚辛金만 있다. 午는 예외로 화기운인 丙丁화 외에 己가 들어 있으나 작용력이 크지 않다. 왕지는 오행의 기준으로는 순수하나, 양기로만 구성되는 생지와는 다르게 음과 양으로 구성된다. 그래서 왕지는 동일한 기운만 있고 음양이 균형을 이루고 있어 상대적으로 정적(靜的)이다.

왕지는 중기가 없이 여기와 정기 두 기간으로만 구성되며, 여기가 10일 간을 사령하고 정기가 20일간 사령한다. 다만, 午만 여기 중기 정기가 모두 있어 각각 10일간씩 사령하고 있다.

<왕지의 지장간 및 사령일>

지　지	지장간	사　령　일
子	壬, 癸	10, 20
午	丙, 己, 丁	10, 10, 10
卯	甲, 乙	10, 20
酉	庚, 辛	10, 20

● 자오묘유 왕지는 유지하는 모습이라 현재 지향형이다.

● 현재에 충실하고 하던 것을 유지하려는 성향이다.

● 잘 움직이지 않으려 한다.

1.4.3. 묘지(墓支)

묘지(墓支)란 계절의 기운이 무덤으로 들어가는 때의 지지라는 뜻이다. 辰戌丑未는 묘지로 하나같이 안으로 갈무리하는 운기다.

묘지의 여기(餘氣)는 전월의 기운이 이어져 오는 것으로 모두 음간이 된다. 戌의 경우 전월 기운이 酉이었으므로, 酉의 음간인 辛金이 있는 것이다. 음이 갈무리되는 辰戌丑未의 중기(中氣)에는 癸水, 丁火, 辛金, 乙木이 암장 되어 있다. 辰은 水의 묘로서 음수인 癸水, 戌은 火의 묘로서 음화인

丁火, 丑은 金의 묘로서 음금인 辛金, 마지막으로 未는 木의 묘로서 음목인 乙木이 암장 된다. 즉, 삼합의 오행 중 변한 기운의 음간으로 본다. 丑은 巳酉丑 金局 삼합의 마지막 글자이다. 그래서 金의 음간인 辛金이 암장되어 있다. 묘지가 거두어들여 저장하는 것은 양간이 아닌 음간인 이유는 생지와는 반대로 목·화·금·수의 기운을 수렴하여 마무리 짓기 위함이다. 시작은 양, 끝은 음이기 때문이다.

묘지 음양의 구성을 살펴보면, 辰戌은 음양혼합(음간2개+양간1개), 丑未는 음음(음간3개)으로 되어 있어 잡기라고 한다.

辰戌丑未월은 직전 달의 여기가 9일간 사령하고, 중기는 삼합으로 합화하는 음간의 오행이 3일간 사령하며, 정기의 사령은 辰戌월은 戊土, 丑未월은 己土가 매달마다 18일간을 사령한다.

<묘지의 지장간 및 사령일>

지 지	지장간	사령일
辰	乙, 癸, 戊	9, 3, 18
戌	辛, 丁, 戊	9, 3, 18
丑	癸, 辛, 己	9, 3, 18
未	丁, 乙, 己	9, 3, 18

● 진술축미 묘지는 마무리하는 모습이라 과거 지향형이다.

● 과거에 좋았던 것, 화려했던 것을 기억하고 기리고 온고지신(溫故知新)하려는 의지가 있다.

- 다만 온고(溫故)한 다음 지신(知新)까지 하려면 묘지와 삼합하는 지지 글자가 있어야 한다.
- 가령 술월생이라면 사주 원국에 화가 어디에든 있어야 해자축 수운을 지나고 나면 목생화를 할 수 있는 사람이 되는 것이다.
- 만약 화가 없다면 금생수만 하는 사람이다.

1.5. 월률분야장간(月律分野藏干)

다음의 월률분야장간표는 다달이 변화하는 자연의 일정한 변화법칙을 나타내는 지장간의 표라는 의미라고 보면 된다. 그러니 같은 달에 태어난 사람일지라도 생일에 따라 해당 달의 어느 지장간의 영향력 아래에 있는지가 달라지기 때문에 운명도 달라진다.

<계절별 월율분야 장간표>

계절	봄(春)			여름(夏)			가을(秋)			겨울(冬)		
월	寅	卯	辰	巳	午	未	申	酉	戌	亥	子	丑
여기	戊 7	甲 10	乙 9	戊 7	丙 10	丁 9	戊 7	庚 10	辛 9	戊 7	壬 10	癸 9
중기	丙 7		癸 3	庚 7	己 10	乙 3	壬 7		丁 3	甲 7		辛 3
정기	甲 16	乙 20	戊 18	丙 16	丁 10	己 18	庚 16	辛 20	戊 18	壬 16	癸 20	己 18
절기	입춘	경칩	청명	입하	망종	소서	입추	백로	한로	입동	대설	소한
중기	우수	춘분	곡우	소만	하지	대서	처서	추분	상강	소설	동지	대한

1.5.1. 사령(司令)

출생한 일(日)에 따라 해당 월(月)에 타고난 지장간을 사령(司令)이라 하는데 맡을 사(司), 하여금 령(令)으로 '맡아서 하게 한다.'라는 뜻이다. 사령은 월령(月令)이라는 환경에 있는 지장간 가운데 일간에게 맡겨진 사명이다.

세부적으로 살펴보면, 월지(月支)의 지장간은 여기(餘氣), 중기(中氣), 정기(正氣)로 나누는데, 이 세 가지의 기운 가운데 생일에 따라 일간이 일을 맡아서 하는 기운이 하나 정해지는데 이를 두고 사령(司令)이라고 한다.

사령(司令) 역시 길신(吉神)으로 쓰일 때와 흉신(凶神)으로 쓰일 때, 각기 차이가 있다. 월령(月令) 가운데 그 시점의 주도권을 맡은 기운, 그래서 가장 왕(旺)한 기운이기 때문에 그러하다.

사령(司令)의 기운이 길신(吉神)으로 잘 쓰일 때는 발복(發福)할 수도 있으나, 반대로 사령(司令)한 기운이 흉신(凶神)으로 잘못 쓰일 때는 대패(大敗)가 날 수도 있다. 반대로 사령이 길신(吉神)이라도 잘못 쓰면 대패(大敗)가 날 수도 있고 사령(司令)한 기운이 흉신(凶神)이라도 잘 쓴다면 크게 발복(發福)할 수도 있다.

1.5.2. 월률분야장간의 원리

두 개 또는 세 개의 사령에 일정한 변화의 법칙을 날수로 배열한 것, 즉 지구가 태양을 주위를 공전하는 1년 동안의 운기 변화 과정을 십이지지의 지장간으로 표시한 것이 월률분야장간표이다. 각각의 월이 시작된 절입일부터 계산하여 가장 왕성하고 주도적인 역할을 하는 천간을 알아내는 방법으로, 1년은 12개월이고 각각의 월은 날짜의 경과에 따라 하나의 천간의 지배를 받는다. 1년의 흐름을 하나의 순환고리로 생각해서 각 계절에 따른 오행을 배치하고, 각 월마다 1개월간의 기후 변화에 따른 천간의 배치를 나타낸 방식이다. 예를 들어, 寅월 입춘부터 시작이므로 立春날부터 7.25일 동안은 戊가 사령하고(여기), 戊가 사령하는 기간이 끝나는 시간부터 시작하여 7.25일 동안은 丙이 사령하며(중기), 丙이 사령하는 시간이 끝날 때부터 시작해서 16.5일 동안은 甲이 사령한다(정기). 이렇게 각 지장간 별로 사령 일수의 합은 30일이 된다.

위에서 설명한 사령의 날짜수에 너무 집착할 필요는 없다. 하지만 천간이 지지 속에 감추어져 있는 것을 설명한 것으로, 천간으로 체(體)를 삼고 지지로 용(用)을 삼아 음양을 매우 정밀하게 분석한 것이다. 해와 달의 차고 기울어지는 현상 등을 설명할 수 있게 된 것이다.

그리고 24절기는 절입 절기와, 중기 절기로 구분을 할 수 있는데, 해당 월이 시작되는 기준이 되는 절기를 절입 절기(節氣)라고 하고, 해당 월의 중간에 있는 절기를 중기(中氣) 절기라고 한다.

1.6. 지장간 활용

지지 속에 감추어져 있는 천간은 쓰일 때를 기다리고 있다. 그래서 지장간의 글자가 천간에 투출(透出)하면 사회에서 검증을 받는 것이 되므로 그 작용이 크다. 결론적으로, 천간은 지지에 통근(通根)해야 천간의 의지가 드러나고, 지장간(支藏干)은 천간에 투출해야 뜻을 이루게 된다. 지장간은 때가 되면 활화산처럼 지상에 분출해서 천간의 오행작용을 한다.

1.6.1. 지장간 글자의 천간 유무

예를 들어, 寅 중 丙火는 火의 뿌리로서 천간에 丙이 나타날 때에 火의 힘을 제공하는 작용을 할 수 있고, 丑 중 癸水는 水의 뿌리로서 천간에 癸가 나타나면 큰 힘이 된다. 천간 오행은 기(氣)로, 쉴 새 없이 작용하고 힘을 소모하며 간극(干剋)과 간합(干合)에 의해 다투고 야합하는 등 모습이 드러난다. 반면 지장간은 지하에 깊숙이 갈무리된 오행으로서 소모되거나 손상 당하거나 도둑맞을 염려가 없는 것과 같다. 마치 지하에 묻혀 있고 창고에 꼭꼭 숨겨 놓은 것 같은 것이다. 그렇기에 특정한 경우에는 천간에 있는 글자보다 지장간의 글자가 더 귀하게 쓰이는 경우도 있다. 마치 가뭄이 들면 지상의 모든 수기는 말라가지만, 지하수는 마르지 않는 이치와 같다.

지장간의 오행이 대운에서 투출하면 작용이 대단히 큰데 지장간의 희신(喜神)이 투출하면 길의 작용이 클 수 있고, 기신(忌神)이 투출하면 흉의 작용이 클 수 있다.

사주원국에서 천간에 있는 글자가 지장간에 없다면, 해당 글자의 십성은 내가 바랄 뿐 이루어지기 힘드니 빠른 포기가 정답일 수 있다. 반대로, 천간에는 없는 글자가 지장간에만 있다면, 해당 글자의 십성은 내가 싫어도 해야 하는 것이다. 예를 들어, 壬일간의 천간에 辛이 있는데, 지지가 寅·子·午·未로 구성되어 있다면, 辛이라는 기운을 지지라는 현실에 실현시킬 수 없다. 辛은 정인이니 학문, 이력, 경력으로 성공함은 포기하고 다른 길을 택하는 게 이롭다. 반대로 壬일간의 천간에 辛은 없는데, 지지에 酉ㆍ戌ㆍ丑의 글자가 있다면 싫어도 학문, 이력, 경력으로 먹고 살아야 한다는 것이다.

1.6.2. 재고귀인에 대하여

사주에 재성이 진술축미의 지장간 중기에 차지하고 있으면 재고귀인이라 하여 땅 밑에 묻어둔 자신만의 금고 역할을 해서 크게 축재할 수 있다고 한다. 하지만 금고인 동시에 무덤에도 비유되듯이, 재고귀인이 있으면 재물을 얻기에 유리하나, 육친관계는 아픔이 있어 불리할 수 있다.

예를 들어, 壬戌일주는 壬 일간의 재성인 화기운의 묘지(戌)를 일지에 두고 있다. 돈 창고를 깔고 있으니 재물을 얻는 이득이 있겠으나, 육친으로 보면 식상(乙)과 재성(丙), 관성(戊)가 무덤으로 들어가니, 여명 壬戌일주에게 자식, 부친, 남편이 묘지로 들어가는 형국으로 가족사에 남다른 애환이 있을 수 있다.

1.6.3. 암합과 암명합

천간과 지장간이 합하는 것은 암명합이다. 예를 들어, 甲午일주를 살펴보면 일간 甲이 午의 지장간 丙己丁 중 중기(中氣)와 甲己合 한다. 남명 甲午일주에게 己는 재성으로 아내를 의미한다. 여명 己卯일주도 卯의 지장간 甲과 합을 하는데, 甲은 관성으로 남편을 의미한다. 이렇게 남명이 재성, 여성이 관성과 암명합하면 배우자에게 다정다감한 장점은 있으나, 부정망상으로 집착하는 단점도 있다. 아울러, 합의 관계라 좋든 싫든 쉽게 이

혼도 못하는 사람이 될 수 있다.

천간과 지장간의 합이 암명합이라면, 지장간끼리 합하는 것은 암합이라고 한다. 戊子, 午亥, 寅丑, 未寅, 申卯가 지지에 있으면 암합이 되는 사주이다. 암합되는 사주는 부자가 많다. 예를 들어, 寅丑을 살펴보면 寅에는 지장간 戊丙甲이, 丑에는 지장간 癸辛己가 있다. 두 지장간의 여기, 중기, 정기가 각각 戊癸合, 丙辛合, 甲己合으로 합을 하고 있다.

천간 에너지의 기세

복사꽃이 - 풀다

사월이면 내 고향 청도는
복사꽃이 절로 핀다.

억수비가 온 뒤
물비린내 바짝 오른 오늘 같은 날도
집 떠나는 아이마냥 복사꽃이 폈다.

아부지요,
비가 와도 복사꽃은 핍니꺼.

꼬락서니 함 보소
양껏 못 폈으니
보아도 피고
안 보아도 피고
숨가쁘게 뒤도 안 보고 도망가듯 핀다.

복사꽃이 桃子를 품었으니

乙丙知

2장

천간 에너지의 기세

2. 12운성(十二運星)

2.1. 12운성의 개념

음양오행(陰陽五行)은 동양철학의 사유를 체계화하는 기본 범주이자 세계관이다. 초목은 봄·여름에는 양기를 받아 성장하고, 가을·겨울에는 음기를 받아 결실을 맺는다. 이러한 기의 작용에는 바람이 있어 봄에는 동쪽에서 온난을 보내고, 여름에는 남쪽에서 열기를 보내며, 가을에는 서쪽에서 서늘함을 보내고, 겨울에는 북쪽에서 한기를 보낸다.

12운성(十二運星)은 이러한 계절의 순환·변화과정을 인간의 일생에 비유하여 생로병사하는 과정을 추리하는 것이다. 즉, 12운성은 각각의 천간을 지지 12절기로 분별한 십이지지에 대입하여, 그 생왕(生旺)이나 묘절(墓絶) 등의 기운을 살피는 것이다. 각 천간의 글자가 12지지를 순환하면서 기가 왕성해지기도 하고 쇠약해지기도 하며, 쇠약에서 다시 왕성해지는 일종의 주기성(週期性)을 갖는다. 그러므로 12운성은 천간이 12지지의 월을 운행하면서 천간의 기세(氣勢)가 생왕(生旺)이나 묘절(墓絶) 되는 것을 표현한 것이다. 결국 모든 것이 탄생(生)의 과정을 거쳐 성장(長)하여 왕성한 활동기(成)를 맞이한 후, 결국 쇠퇴기를 지나 멈춤(滅)의 영역으로 수렴한다.

자평진전(子平眞詮)에 따르면 '지지는 열 두 달이므로 각각의 천간은 장생(長生)에서 시작하여, 태(胎)와 양(養)에 이르기까지 12가지의 위상을 갖는다. 이는 기(氣)가 성하였다가 쇠해지고, 쇠하였다가 다시 성하게 되는 12 과정을 세분화한 것이다.'라며 12운성을 정의한다.

이처럼 천간 기세의 순환·변화를 다룬 12운성은 사람이 태어나면서부터 죽음에 이르고, 흙으로 돌아가기까지의 과정을 12단계로 나타낸 것이다. 즉, '장생(사람이 태어나) → 목욕(목욕시키고 키우며) → 관대(옷을 입고) → 건록(직업을 가져 자립하고) → 제왕(왕성한 사회활동을 하고) → 쇠(중년에 이르러 노련해지고) → 병(쇠약하여 병들고) → 사(육체 활동이 서서히 멈추고) → 묘(땅에 묻히고) → 절(이승과 저승의 영혼이 끊기며) → 태(다시 수태하여) → 양(모태 중에서 길러지는)'의 과정이다. 순환적이고 원형적인 시간관을 통해 12단계를 인간이 윤회(생성-소멸-반복)하는 과정으로 비유한 해석이라 할 수 있다.

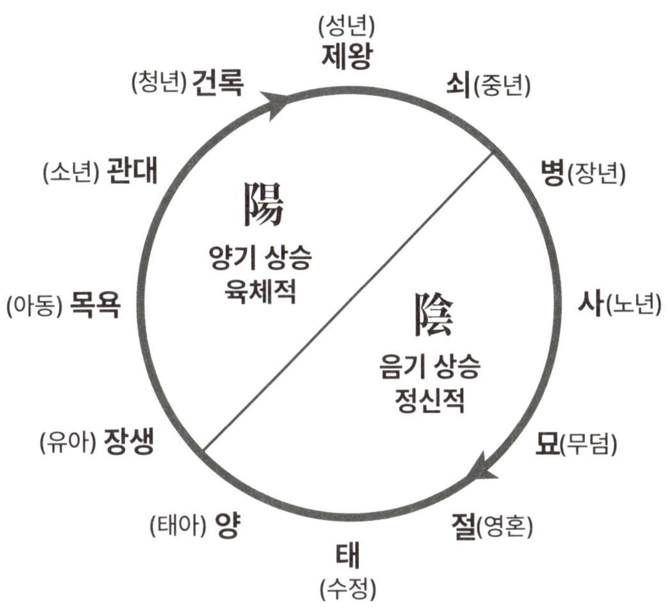

[12운성 흐름도]

2.2. 12운성의 원리

12운성은 천간의 한 글자가 지지 12개와의 관계에서 이루어지는 12단계의 특성인 것인데, 천간의 기(氣) 운동이 어떤 지지에 뿌리내리냐에 따라 역할이 달라지기 때문이다. 즉, 지지의 질(質)이 무엇인가에 따라 천간의 의지가 지지(현실)에서 어떻게 이루어지는지를 알 수 있다. 가령, 甲木 나무는 뿌리를 내리고 성장하고 싶은 마음이 있다. 甲木의 현실인 지지가 건록지인 寅月이라면 새싹을 키우는 강한 힘을 가져 生木의 역할을 하나, 절지인 申月에는 뿌리가 잘려 땔깜으로 쓰일 준비를 하는 死木의 역할을 하게 되는 것이다.

12운성을 음과 양의 기준으로 구분해 보면, 양의 기운은 양·장생·목욕·관대·건록·제왕으로 木火의 영역인 발산의 기운이고, 음의 기운은 쇠·병·사·묘·절·태로 金水의 영역인 수렴의 기운으로 볼 수 있다.

2.3. 12운성의 구성

2.3.1. 장생(長生)

장생지는 신생아가 세상에 태어나는 때로 유아기이다. 생(生)은 인간이 처음 태어나거나 식물의 싹이 트듯이 무(無)에서 유(有)가 발생하는 상태를 말한다. 평안과 번영을 의미하여 흉살(凶殺)을 제거하는 역할을 하여 그 귀함이 배가 된다.

생지는 시작, 성장, 발전의 기운으로 성공의 발판을 마련하는 시기다. 추진력 있고, 진취적이며 발전 가능성이 있어 매사를 원만하게 자기의 뜻을 마음대로 펼칠 수 있는 기운이다.

일지 생지를 타고나면 정이 많고, 생기발랄한 기운이 강하여 어느 자리에 가더라도 좋은 분위기를 만드는 힘이 있다. 그래서 사람들에게 인기가 많아 대인관계가 원만하고 누구와도 쉽게 친해지는 호감형 성품이다. 주위 사람들의 호감을 얻으므로 어느 정도 사회적 지위를 얻어 안정적으로 지낸다. 아울러, 유기적 체계에 순응하기 때문에 상명하복은 물론, 본능적으로 윗사람을 배우고 따르려는 기질이 있어 조직 · 단체생활에 발군이다.

참모는 가능하나 아랫사람을 통솔하고 다스리는 능력은 부족하여 1인자인 리더의 자리는 부적합하다.

생지의 키워드는 후원성이다. 아기가 태어나면 주변에서 덕담도 해 주고, 선물도 주고, 돈도 주듯이 많은 것을 받게 된다. 생지에 글자에 해당하는 육신(六神)에 대한 천우신조의 기운이 강하다. 곤란한 상황에 부닥쳐도 뒤를 봐주는 누군가의 든든한 후원으로 위기를 극복하곤 한다.

> 해당 간지 : 丙寅, 丁酉, 戊寅, 己酉, 壬申, 癸卯

2.3.2. 목욕(沐浴)

목욕지는 신생아를 목욕시켜 모체와 분리시키는 때로 유년기다. 인간이 태어난 후에 목욕시켜 때를 씻는 것을 뜻하고, 식물의 새싹이 파랗게 돋는 것과 같은 상태를 말한다. 자기가 좋아하는 것에 몰두하고, 자기가 하고 싶은 것에 집중하는 힘이 있다. 미운 7살로 호기심이 왕성하며, 내가 정한대로 움직이려는 행동방식이 나타나고, 인내심이 부족하여 매사에 싫증을 잘 내고, 예민하여 감정 기복이 있는 편이다. 지구력이 떨어지고 유행에 민감하여 변화가 많다.

욕지의 키워드는 반복성이다. 매일매일 반복하여 씻으니 이성의 시선을 모으는 행위를 하게 되어 타인이 의식을 한다. 그래서 욕지는 신살로 도화살(桃花殺)에 배속되어 있다. 지나친 깔끔함과 과시가 멋과 호색 성향이 되어 화근을 불러온다는 점에서 욕패(浴敗)라고도 한다. 그러므로, 이러한 반

복하는 기운을 이성이 아닌 일에 활용한다면 노력의 물상이 되어 전문가가
될 수 있다.

2.3.3. 관대(冠帶)

관대지는 의관을 갖추어 활동을 시작하는 때로 성년식을 치른 20대다.
인간이 점차 장성하여 옷을 입는 것과 같이 허리에 띠를 두른다는 의미를
말한다. 사모관대를 차는 취업의 운이 있어 승진, 자립하는 기운이다.

신체적으로는 건장하나, 정신적으로는 아직 미성숙한 단계다. 소년 급
제에 비유하여 이제 갓 임관한 젊은 고위공직자와 같이 기백과 자신감은 있
으나 지혜가 부족하다. 그렇기에 의욕이 앞서 실패와 좌절도 경험하게 되
니, 실전 경험과 정신적 수양이 필요하다.

남의 허물을 보면 비판과 공격을 서슴지 않으나, 자신의 잘못을 밝히거
나 비판하는 것은 용납하지 않는다. 경쟁에서는 반드시 이겨야 하고, 시기
와 질투가 심해 인간관계가 원만한 편은 아니다.

관대지의 키워드는 선민사상이다. 옷을 차려입고, 어깨에 힘이 들어가
니 잘난 체를 하게 되니, 겸손이 미덕이다. 중년까지는 기복이 많으니 관용
과 양보심이 필요하다.

관대의 기운은 출세와 죽음이라는 상반된 기운을 동시에 내포한다. 옷이
라는 것이 길(吉)하게 작용하면 제복 또는 유니폼이 되어 출세의 운으로 흐

른다. 반면, 관대가 묘고(墓庫)에 놓여 흉(凶)하게 작용하면 수의 또는 환자복이 되어 죽음과 생리사별의 운으로 흘러 육친의 흉화가 암시된다.

해당 간지 : 丙辰, 丁未, 戊辰, 己未, 壬戌, 癸丑

2.3.4. 건록(建祿)

건록지는 나라를 위해 일하고 월급을 받는 때로, 한창 일하는 청년기(30~40대)다. 인간이 장성하여 관리에 임명되어 세상을 다스리는 것과 같이 사회구성원으로서 한 몫을 한다는 뜻이며 록봉을 받는다는 의미로 인생에서 가장 주체적인 시기다. 그래서 정관(正官)이 건록이면 관과 인연하고, 공직에 어울린다.

사회에 진출하여 능력을 발휘하여 성취해 내는 성공과 부귀의 표상이다. 제왕의 자리에 오르기 직전의 모습으로 독립성과 전문성, 체력을 바탕으로 왕성한 활동력을 보인다. 어떠한 곤경도 극복해 내는 의지와 신념이 확고하며, 신체가 건강하여 장수할 수 있다. 학자형이며 선비 같아서 사고방식이 치밀한 편으로 신경질적인 면도 보인다.

식록이 풍부하고 과거에만 집착하지 않고 정당성을 바탕으로 미래의 전성기를 향해 전진하는 기운이다. 명예와 체면, 책임을 중시 여기는 특징이 있어, 더 나은 자아 발전과 완성을 위해 열심히 활동하는 때다.

록지의 키워드는 자긍심과 책임감이다. 사회에 진출하여 제 앞가림을 스스로 하는 시기이니, 자수성가의 기운이다. 다만, 건록은 비겁으로 조합되어 신강한 본인의 기운이 넘쳐 독단적이고 뻣뻣하여 인덕이 없을 수 있으니 경계가 필요하다. 자만심으로 너무 나서다가 망가지게 되니, 록지가 12신살로 망신살(亡身殺)에 배속된 까닭이다.

2.3.5. 제왕(帝旺)

제왕지는 성숙하게 자라 왕성한 활동을 하는 때로 장년기(40~50대)다. 극양(極陽)으로 인간이 체력이나 정신력이 최고의 절정기를 맞아 왕성한 상태를 말한다. 최고의 자리에 오른 정점의 기운으로 전성기이다. 책임감과 리더십이 뛰어나며, 전문가고 프로다. 인간관계가 능숙하고 권력에 대한 욕망도 있다. 정재(正財)나 정관(正官)이 왕지면 직장과 경제력이 안정적이다.

자존심이 강하여 남의 밑에서 꾸준히 일하기는 어렵고, 독립하려는 기회만 엿본다. 상사의 지시에 따라 움직이기보다는 자기 생각대로 자유롭게 사회에서 활약하고자 하기 때문이다. 곤경에 처하더라도 "힘들다", "어렵다" 말하기 꺼려하는 기질로 약점을 보이기 싫어한다.

왕지의 키워드는 정점이다. 자기중심이 확고하고, 궁색함과 옹졸함이 없다. 강건한 기상으로 타인의 구속과 지배를 싫어하며, 상대를 제압하는 카리스마와 언행으로 무게감을 느끼게 한다. 타인에게 폐를 끼치기 싫어하고 의리가 두터워 어쩌다 대접받으면 반드시 갚아야 하는 성향이다. 건록은 큰

일은 할 수 있지만 경험이 부족하나, 제왕은 능히 큰일을 감당할 수 있으니 능소능대(能小能大)하여 원만하게 다스린다.

하지만, 주역(周易)에서도 극(極)에 달한 상태를 가장 경계하니, 너무 강한 기운이 자만심으로 흘러 안하무인으로 주변 사람들을 우습게 안다. 양극즉일음시생(陽極卽一陰始生)이라 하여, 달도 차면 기울기 마련이니, 겸손의 미덕이 절실하다. 왕지의 다음은 쇠지로 기운이 하락하는 기점이기도 하기 때문이다.

> 해당 간지 : 丙午, 丁巳, 戊午, 己巳, 壬子, 癸亥

2.3.6. 쇠(衰)

쇠지는 늙기 시작함하는 때로 은퇴기(60대)다. 왕성한 시기를 지나서 기력이 쇠퇴해져 가는 상태를 말한다. 정상에서 내려온 모습이지만, 제왕의 여기(餘氣)가 녹아 있어 아직 사회적 영향력은 남아 있다. 그래서 육체는 은퇴기에 있지만, 정신은 현역의 건재함을 과시한다. 나이 어린 왕이 즉위했을 때 왕비가 국정을 대리로 처리하던 수렴청정(垂簾聽政) 또는, 현대사회에서는 회사의 고문 역할이 될 수 있겠다. 여유를 가지고 조용히 물러나서 노련하게 실속을 차린다.

쇠지는 노년의 지혜를 보이기에, 사물의 처리가 분명하고, 합리적 판단력을 구가하는 정신적으로는 최고의 전성기이다. 남이 시키는 것은 무엇이든 노련하고 능숙하게 일을 처리하지만, 점차적으로 쇠약해지는 기운으로 독창성과 적극성이 결여되어 웅대한 일은 하지 않는다.

쇠지의 키워드는 안정성이다. 혈기왕성한 성장의 기운을 지나, 노련하고 명예가 높은 상태로 안정과 화합을 추구한다. 관대는 모나고 성급하며 몰인정한 데 반해, 쇠는 호인처럼 온화하고 원만하며 헌신적이다. 원숙함과 다양한 경험을 바탕으로 실패를 최소화하는 재능이 있다. 그래서 택일에 있어서도 쇠지는 길지며, 쇠가 놓이는 방향이 나의 길지가 된다. 쇠지는 12신살로는 말안장을 뜻하는 반안살(攀鞍殺)이다. 어딜 가나 내가 앉을 자리 하나는 있다는 것으로 선출직과 출세를 의미한다.

해당 간지 : 甲辰, 乙丑, 庚戌, 辛未

2.3.7. 병(病)

병지는 말 그대로 병이 드는 때로 70대다. 오장육부(五臟六腑)의 생산 기능이 저하되어 노쇠의 증상이 완연한 퇴기로 쇠약하여 병이 들고 신체적으로 약해져 가는 상태를 말한다.

내가 아파서 병에 걸려 보니, 타인에 대한 동정심과 배려심이 넘쳐나 남을 도와주려는 성향이 드러난다. 어느 정도 경륜이 쌓였기에 인정하고 소통하는 능력이 좋아 인간관계가 좋다.

외면은 명랑하고 밝으며 사교성도 좋으나, 내면은 지나치게 근심 걱정이 많아 비관적일 수 있다. 공상이나 상상력이 많고 쓸데없이 미리 걱정하는 타입이다. 결단력과 행동력이 약한 것이 특징인데, 그런 결점을 명랑한 성격으로 포장하고 있다고도 볼 수 있다.

마지막 투혼을 불살라 결실을 맺으려는 경향이 있다. 12신살로 역마살에 배속되니 분주하고 바쁘다. 역마살은 여기저기 돌아다니는 기운인데 그 기운을 쓰지 않으면 병이 난다고 하여 병지이다. 주변도 어수선하고 피곤하기도 하여 빨리 상황을 벗어나고 싶기 때문이다.

인성(印星)이 병지라면 공부병이 걸려 먼 길도 마다하지 않고 스승을 찾아다니는 현상이 나타날 수 있다. 일지(日支) 배우자 궁이 병지라면 타지에서 배우자를 만나거나 결혼 후 타지로 이사 가게 되는 형상으로 나타난다.

일반적으로 의사와 간호사 등 의료계통에 병지를 타고난 사람이 많아, 의료계통에 진출하면 천직인 동시에 나의 건강도 나아지는 업상대체가 가능하다.

> 해당 간지 : 丙申, 丁卯, 戊申, 己卯, 壬寅, 癸酉

2.3.8. 사(死)

사지는 죽음을 뜻하는 80대다. 단어 그대로 병이 들어서 죽은 상태 또는 움직임이 전혀 없는 상태를 말한다.

양적 운동(신체적 활동)은 감소하고 음적 운동(정신적 활동)이 증가하는 기운이다. 음적 기운을 사용하게 되는 시기이니, 발산하는 적극적인 기운보다는 소극적이고 추진력이 부족할 수 있다. 다만, 죽음이라 하여 단편적으로 부정적으로 볼 필요는 없다. 죽음이라는 것은 양의 기준으로 신체 활동이 멈춘 것일 뿐, 정신의 영역은 왕성한 때다. 가령, 축구경기장 필드에서 뛰는 선수와 벤치에서 지시하는 코치 중 누가 좋고 나쁜가를 판단할 수 있겠는가? 그러기에, 육체적 노동보다는 정신적인 분야가 적합하며, 사(死)의 시기에 양적 활동을 하려는 것을 조심해야 할 뿐이다.

성실하고 담백하며 묵묵히 수행하는 자세를 취하기 때문에, 적극성은 부족하나 맡은 일은 해내는 책임완수형이다. 진지한 인품이 호감을 사서 사회적으로 신용을 얻게 된다. 사고의 영역이 깊어지니 두뇌가 좋고 선견지명이 있으나 결단력은 약하여 좋은 기회를 놓치기도 한다.

사지의 키워드는 생각의 영역이다. 음의 활동이 강해져 정신과 생각이 깊으며, 명확한 기준과 확고한 인생관이 정립된다. 욕심과 야망을 성취하기 위해 머리를 쓰는게 아니라 자신을 알고 발견하기 위해 생각하고 탐구한다. 특히, 십성(十星) 중 상관(傷官)이 사지에 놓이면 머리가 비상하다고 볼 수 있다.

> 해당 간지 : 甲午, 乙亥, 庚子, 辛巳

2.3.9. 묘(墓)

묘지는 신체가 죽고 나서 흙에 묻히는 때이다. 만물을 거두어들여 창고에 들이듯 인간이 죽어서 무덤에 들어간 정지기(停止期)다. 사지와 마찬가지로 양적 활동이 저물어 갈 뿐, 재충전을 통한 다시 태어나는 준비를 하게 된다. 미래를 위해 가장 작은 공간에 가장 소중한 것을 담아야 하는 시기다.

그래서 철두철미한 계획성을 지니며, 훗날을 도모하는 대기만성형이다. 아울러, 묘지는 종교성을 띠고 예술적 재능이 발현된다.

　성격이 조용하고 침착하며, 자기만의 세계에 충실하여 안정적이고 보수적인 특성을 내포한다. 마치 십성(十星)의 편인(偏印)과 유사한 심리로 사고 인자가 발달하여 통찰심리가 뛰어난 한편, 자신이 좋아하는 일에만 몰두하는 행동을 보이기도 한다. 매사를 꾸준히 다듬어 나가며 계획성도 있고 탐구성도 강하다.

　묘지의 키워드는 저장성이다. 땅속에 묻히게 되면 쉽게 빠져나갈 수 없듯이, 많은 것을 버리지 않고 모아두려 한다. 그것이 재물이라면 일체의 낭비를 불허하고 창고에 돈은 잘 모으나, 구두쇠로 인색해질 수 있음을 경계해야 한다. 묘지는 재고귀인(財庫貴人)으로 무덤과 창고의 형상을 동시에 내포하여 재물을 얻기에 유리할 수 있으나 육친(六親)으로는 불리하다. 묘지가 창고로 작용하면 돈을 저장하여 취하게 되는 긍정을 뜻하게 되나, 무덤으로 작용하면 육친을 입묘(入墓)시키는 죽음을 뜻한다. 거법(居法)의 관점에서 묘지는 형충(形沖)하는 운에 육친의 건강 악화, 분리, 절단이 올 수 있음을 암시한다.

> 해당 간지 : 丙戌, 丁丑, 戊戌, 己丑, 壬辰, 癸未

2.3.10. 절(絶)

절지는 영혼이 이승에서 끊어지는 때이다. 모든 것이 끝나고 끊어진 상태를 말하여 12운성 중에서 가장 약한 상태다. 태아가 형성되지 않은 정적이며 무념무상의 상태와 같다. 절지는 이전의 것을 끊어내고 새로운 시작을 바라본다. 즉, 단절되고 끝나는 것이 아니라, 기존의 것을 버리고 새로운 것을 받아들일 준비를 하는 전환의 기운이다. 그래서 절지를 생명의 세포가 처음으로 창조되고 탄생하는 포(胞)라고도 칭하여 12운성을 포태법(胞胎法)으로 부르기도 한다.

절지는 이승의 법칙이 적용되지 않기에 순수하다. 권모술수를 모르는 지극히 숨김이 없는 호인이다. 마음에 들면 금세 반기고 따르는 부화뇌동(附和雷同) 타입이다. 그래서 새로운 것을 받아들일 준비가 된다. 주거와 직장이 자주 변동되며, 대인관계에서 이별을 뜻한다. 가령, 월지가 절지라면 평생 한 직장에서 정년퇴임은 못 할 것이다. 결국 절지에 놓인 사람은 진득하지 못한 편으로 한 가지 일을 꾸준히 일관되게 해내기는 어렵다. 다양한 것에 흥미를 느껴 전문성보다는 박학다식과 다재다능에 능한 타입이다.

절지의 키워드는 절처봉생(絕處逢生)이다. 절처봉생은 끊어지는 자리에서 다시 새롭게 소생한다는 의미다. 예를 들어, 木일간인 甲乙의 절지는 甲申과 乙酉이다. 申酉은 甲乙을 絕하는 동시에 申은 壬을, 酉는 丁를 生한다. 이렇게 절지에서 생 받은 壬와 丁가 丁壬合 하여 木을 化한다. 이는 土月이 다음 계절을 열기 위해 특정 오행을 저장하는 것과 유사하다. (辰土는 다음 계절인 火의 여름을 열기 위해, 水를 입묘시켜 저장한다). 절지에 놓인 십성이 비록 당장은 어렵고 단절되어 보일지라도 후반부터 흉(凶)이 길(吉)

로 반전하는 기운을 맞이할 확률이 높다. 그러니 끊어질 것을 두려워하기보다 과감하게 절단하고 새로운 시작을 준비하는 데에 에너지를 써야 한다.

2.3.11. 태(胎)

태지는 모체에 태기가 생기는 때다. 태는 "아이를 가지다", "새로운 시작"을 말하여 자궁 속에 태아가 형성되는 것 같은 상태를 말한다. 마치 아기를 덮는 이불을 포대기라고 말하는 것처럼 포태기는 임신과 보호의 공간이 된다.

태지는 임신 3개월 이내의 시기로 낙태와 잉태의 물상을 동시에 내포하여 조심스러운 성향을 보인다. 무엇인가가 생겼다가 사라지기를 반복하는 과정에서 불안정을 느끼며, 타인에 대한 의존성이 높아진다. 그래서 일지 태지는 민감·예민하고, 불안감과 초조한 성향을 보이며 겁이 많은 것이 특징이다(丁亥일주는 물 위에 떠 있는 촛불로 언제 꺼질지 모르는 물상이다). 이러한 태지는 모성애를 자극하며, 조용하고 점잖아서 이성에게 인기가 많은 편이다.

희망과 발전을 꿈꾸며 상상력은 풍부하나, 아직 각별한 보호를 받아야 하고 주체성이 없는 상태이므로 활동력은 약하다. 부탁이나 청을 쉽게 수락하고 실행하지 못하여 신용을 잃기도 한다.

태지의 키워드는 아이디어다. 샘 솟듯이 기발한 생각을 쏟아 낸다. 아직

인격체가 되기 전이라 현실성이 결여 되어 자칫 이상주의로 비칠 수 있으나, 그것이 곧 가능성이 응집된 상태로 나타난다. 더욱이 재성(財星)이 태지라면 재물이 샘물처럼 솟아나는 형상으로 재물복이 발생하는 기운이다.

해당 간지 : 丙子, 丁亥, 戊子, 己亥, 壬午, 癸巳

2.3.12. 양(養)

양지는 태아가 성장하는 때로, 임신기다. 양은 "기르다", "성장하다"는 뜻으로 태아가 자궁 속에서 자라나듯 탄생을 준비하는 상태다. 아기처럼 받아먹는 시기로 편안하고 안정적 환경을 추구한다.

출산을 앞둔 사전 준비의 시기이며, 키우거나 준비하는 단계로 양생(養生)과 양육(養育)의 의미가 강해 생명의 생장을 돕는 역할도 잘한다. 그래서 입양, 교육, 종교 등의 활인업(活人業)과 연관된다.

모든 것을 무리하게 하지 않으므로 급속한 발전은 기대하기 어려우나 순조롭게 점진적으로 해 나가는 힘이 있다. 걱정거리가 있어도 태평하게 때를 기다리는 사람이다. 차분한 성품으로 기술면에서도 독창성보다는 전통기술을 장기간에 걸쳐 습득하는 일에 적합하다.

양지는 불완전한 태의 기운에서 벗어나 사지(四肢)와 오장육부(五臟六腑)가 완성되니 생기와 여유가 생기고, 분만을 기다리며 모체분리의 숙명적 시간을 대기하는 헤어짐의 시기이다. 머지않아 분리와 독립을 암시하고 있으니, 일찍 부모와 고향을 떠나는 조년이향(早年離鄕)의 시기가 숙명적으로 다가온다.

양지의 키워드는 상속성이다. 양은 가득찬 만삭 상태이니 물질적 풍요를 뜻하는 바, 상속의 물상으로 간주한다. 부모에게 받는 음덕이 있으며, 드러나지 않은 알부자가 많다. 재복과 재능이 있어 발전가능성이 크지만, 교육자적 인성 때문에 큰 사업을 하기에는 적합하지 않다. 아울러, 양지는 육친(특히, 부친)과의 분리가 빠를 수 있어, 업상대체가 필요하며 다른 직업을 갖더라도 그 돈으로 활인업에 투자하는 것이 유리할 수 있다.

해당 간지 : 甲戌, 乙未, 庚辰, 辛丑

2.4. 12운성의 구조

<각 천간별 12운성 표>

구분	장생 (長生)	목욕 (沐浴)	관대 (冠帶)	건록 (建祿)	제왕 (帝旺)	쇠 (衰)	병 (病)	사 (死)	묘 (墓)	절 (絶)	태 (胎)	양 (養)
甲	亥	子	丑	寅	卯	辰	巳	午	未	申	酉	戌
乙	午	巳	辰	卯	寅	丑	子	亥	戌	酉	申	未
丙	寅	卯	辰	巳	午	未	申	酉	戌	亥	子	丑
丁	酉	申	未	午	巳	辰	卯	寅	丑	子	亥	戌
戊	寅	卯	辰	巳	午	未	申	酉	戌	亥	子	丑
己	酉	申	未	午	巳	辰	卯	寅	丑	子	亥	戌
庚	巳	午	未	申	酉	戌	亥	子	丑	寅	卯	辰
辛	子	亥	戌	酉	申	未	午	巳	辰	卯	寅	丑
壬	申	酉	戌	亥	子	丑	寅	卯	辰	巳	午	未
癸	卯	寅	丑	子	亥	戌	酉	申	未	午	巳	辰

<12운성 표>

구분	시 기	키워드	심 리	특 징
절	환생 준비기	끊김 전환	고독 독단 불안 즉흥	절단 reset 절처봉생
태	수정기	시작 희망	분리 평화 온화 낭만	기복 위태 불안 조심
양	태아기	양육 육성	여유 호감 다정다감	상속 유산 육친인연 박함
장생	유아기	탄생 후원	순진 생기 보호본능	천우신조 성장 가능성
목욕	아동기	반복 주목	호기심 멋 과시 집중	도화 단장 팔방미인
관대	소년기	성장 미숙	명예 성취 선민사상	승진 제복 요령 부족
건록	청년기	왕성 자립	추진 기세 자신감	자수성가 주도면밀
제왕	성년기	정점 고독	최고 권력 오만 독선	리더 정상 대인관계 불안
쇠	중년기	노련 후퇴	안정 온순 대인관계 원만	좋은 자리 영향력 관리
병	장년기	쇠약 효율	동정 배려 수동 감성	숙련 활인업 역마 이동
사	노년기	죽음 정신	수행 정진 이상 조용	양기 마무리 형이상학
묘	육체 분리기	격리 저장	보수 절약 수집 책임	금고 무덤 침체 정신노동

표를 보면, 12운성은 각각의 오행에 따라 12지지에 대응하게 되는데, 양간은 삼합의 첫글자에서 시작하여 순행하며, 음간은 양간의 사지부터 시작하여 역행한다. 예를 들어, 양목인 甲은 亥에서 生하고 午에서 死하지만, 음목인 乙은 亥에서 死하고, 午에서 生한다. 이것이 바로 양생음사(陽生陰死), 음생양사(陰生陽死)의 원리이다.

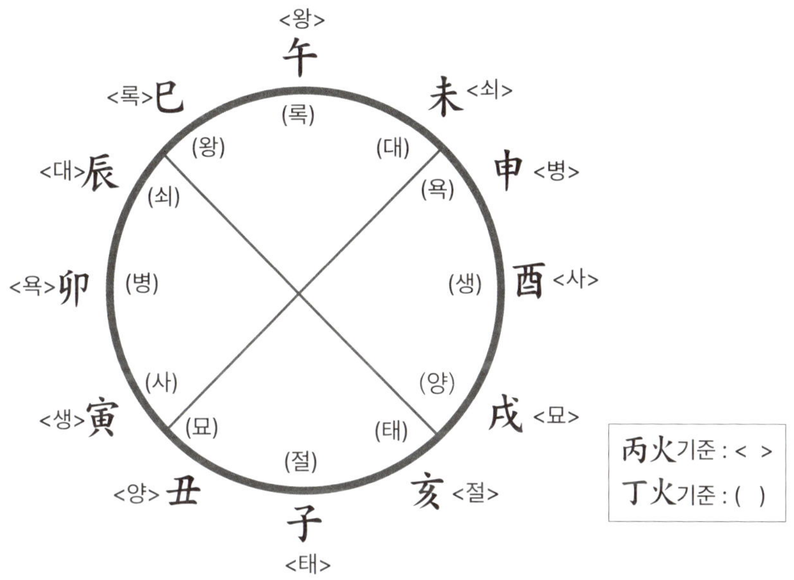

[병정화의 12운성 비교 그림]

丙丁을 기준으로 12운성을 표시해 보면 위의 그림과 같다. 12운성은 양간은 순행하고, 음간은 역행하여 반대로 흐른다. 양(陽)은 모여서 앞으로 나아가는 속성이 있으므로 주로 순행(順行)하고, 음(陰)은 흩어져 뒤로 물러나는 속성이 있으므로 주로 역행(逆行)하게 된다. 그래서 모든 양간과 음간의 12운성의 제왕-건록, 쇠-관대, 병-목욕, 생-사, 묘-양, 절-태의 짝을 이룬다. 음양 모두 공통으로 기운이 가장 강한 제왕·건록지를 공유하고, 가장 기운이 낮은 절-태지도 공유한다. 가장 상반된 기운을 공유하는 12운성은 생-사지로 양이 태어나는 곳에서 음이 죽는 것을 알 수 있다. 양이 출생하는 곳에서 음이 사망하고 음양이 서로 교환되는 것은 자연의 이치인 것이다. 丙丁의 예시로 보면, 태양이 뜰 때 달이 지고, 달이 뜰 때 태양이 지는 현상과 같다.

천간이 특정 지지를 만나 어떻게 힘을 얻는가를 보면, 양간과 음간이 동일하게 자기(동기오행) 계절에서는 록왕지 위에 있으므로 힘을 가장 크게 얻는다. 그다음으로 큰 힘을 얻는 구간은 양간은 자기 계절 기준 이전 계절에서 힘을 얻고, 음간은 자기 계절 기준 다음 계절에 힘을 얻는다.

<양간과 음간의 계절별 기세 비교>

구 분	이전계절	자기계절	다음계절	반대계절
양간	생·욕·대	록·왕·쇠	병·사·묘	절·태·양
	↗	↑	↘	↓
음간	사·병·쇠	왕·록·대	욕·생·양	태·절·묘
	↘	↑	↗	↓

이처럼 12운성은 10천간과 12지지와의 관계를 표현한 것이기 때문에, 일간이 지지를 만났을 때 기운의 왕상휴수를 파악할 수도 있다.

<12운성별 기세의 흐름>

구분	왕(旺)	상(相)	휴(休)	수(囚)
12운성	록 · 왕 · 쇠	생 · 욕 · 대	병 · 사 · 묘	절 · 태 · 양
	↑	↗	↘	↓

아울러, 양간의 생·록·왕은 득기해서 힘이 좋은 운성이다. 寅月을 보면 寅의 지장간 甲木이 寅에서 건록이 되고, 丙과 戊는 寅에서 장생이 된다. 그러므로 寅의 지장간이 甲, 丙, 戊의 3개가 되는 것이다. 일주(日主)가 반드시 출생한 월에서 건록이나 제왕이 되어야 하는 것은 아니다. 월령에서 휴수(休囚)가 되어도 년, 일, 시 가운데서 생·록·왕 등을 만난다면 극신약(身弱)이 아닌 것이다. 그리고 양간의 장생은 음간의 장생에 비해 좀 더 유력(有力)하고 음간의 장생은 양간의 장생에 비해 힘이 떨어질 수 있다. 하지만 음간의 장생 역시 아주 약한 것은 아니다.

2.5. 12운성의 활용

12운성을 보는 방법은 크게 4가지로 나뉜다.

2.5.1. 봉법(逢法)

봉법(逢法)은 일간을 중심으로 년지·월지·일지·시지와의 12운성 관계를 보는 것이다. 일간을 기준으로 정신과 현실이 소통하는 것으로, 일반적으로 많이 활용하는 방법이며 만세력 앱에서 사용하는 12운성이다.

[봉법 활용 예시도]

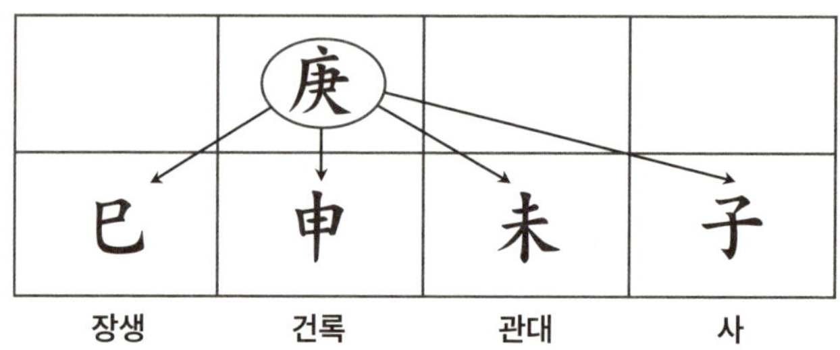

2.5.2. 거법(居法)

거법(居法)은 같은 주(柱)인 동주(同柱)끼리 보는 것으로, 년간-년지, 월간-월지, 시간-시지 간의 12운성 관계를 본다. 간지(干支)는 분리되어 있지 않고 60갑자의 원리로 움직이기 때문에 각 주(년주·월주·일주·시주) 자체의 12운성을 보는 것이다.

[거법 활용 예시도]

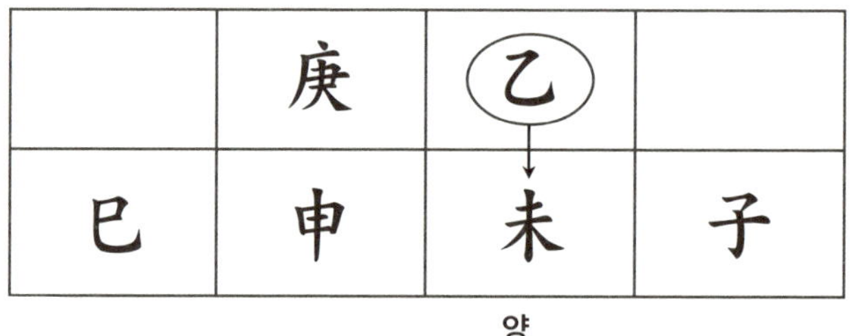

2.5.3. 좌법(坐法)

좌법(坐法)은 지지의 지장간과 해당 지지의 12운성 관계를 보는 것인데, 지장간의 천간이 올라왔을 때 기운을 보는 것이다.

[좌법 활용 예시도]

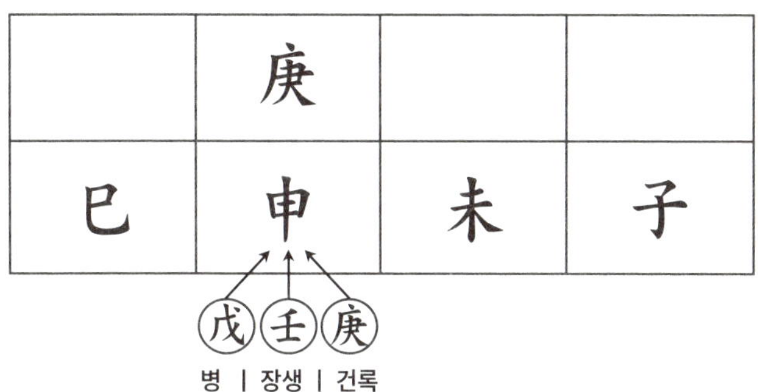

2.5.4. 인종법(引從法)

인종법(引從法)은 지장간에 없는 것을 끌어와서 해당 지지와의 12운성 관계를 보는 것이다.

[인종법 활용 예시도]

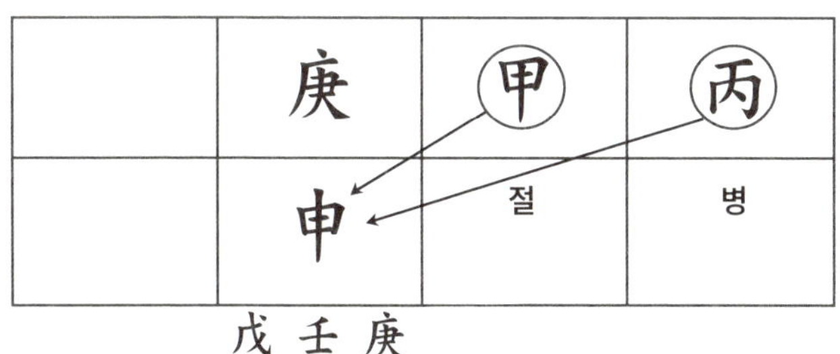

천간의 글자를 일지에 12운성으로 대입시켜 십성(十星)과 육친(六親)의 상황을 간명하고, 천간에 없는 글자는 있다고 가정하여 지지에 12운성으로 대입시킨다. 이때, 지지의 글자와 음양을 맞추어 끌고 온다.

위와 같은 방법으로 12운성을 분석할 수 있다. 그러나 사주원국을 간명함에 있어서 12운성을 최우선시 하는 것은 경계해야 한다. 조후론, 억부론, 격국론을 우선적으로 살펴보고, 천간의 생극제화와 지지의 형충회합까지 기본적으로 다루어야 한다. 그리고 나서 12운성으로 조금 더 자세한 간명이 가능하다.

2.6. 12운성별 운

12운성을 운에 대입하여 보면 아래와 같이 볼 수 있다.

① 장생의 운 : 구체화 된 계획을 실행하기 위해 첫 시도를 하기 좋은 운, 시작하기 위해 준비하는 운이다. 이는 결과를 보는 것과는 무관하다. 도움의 손길이 있을 수 있다.

② 목욕의 운 : 시도 후 본격적으로 시작하는 운. 아직 기틀이 잡히기 전이라 일을 진행하는 중 옆길로 새거나 사물과 사안을 보고 판단하는 데 혼동이 올 수 있음

③ 관대의 운 : 사업 등이 궤도에 올라 비교적 안정되고 직장인은 업무가 손에 익는다. 팔자에 따라서 승진과 승급의 기회가 찾아올 수도 있다.

④ 건록의 운 : 한창 에너지를 쏟아 내야 할 때이다. 소득이 좀 더 많아지고 책임질 일도 많아진다. 지위 상승 등 경사스러운 일도 있을 수 있

지만 늘 과욕을 경계하여야 한다.

⑤ 제왕의 운 : 한 분야, 한 부분 또는 본인에게 맡겨진 업무에 책임과 권한이 부여되고 아랫사람이 있다면 윗사람으로서 책임과 의무를 다하여야 한다.

⑥ 쇠의 운 : 기존에 부여된 임무, 업무, 일들을 슬슬 내려놓고 그것을 넘어 다음을 준비하는 운, 또는 새로운 일, 업무를 계획하는 운

⑦ 병의 운 : 기존에 부여된 임무, 업무, 일들을 일부 배제하고 새로운 일, 안 하던 일을 추진하고 시작하는 운

⑧ 사의 운 : 기존에 하지 않았던 일, 새롭게 부여된 임무, 업무, 일들을 체험하고 경험하는 운. 기존의 일을 별로 하지 않거나 등한시 할 수 있다.

⑨ 묘의 운 : 기존의 일, 업무를 거의 접고 휴식을 취하면서 훗날을 도모하거나 새로운 일, 업무에 전력을 다하는 운이다.

⑩ 절의 운 : 기존의 일, 업무는 아예 잊게 되고 새로운 일, 업무에 경험치가 쌓여 적응이 완료되는 운이다.

⑪ 태의 운 : 새로운 의욕이 생기고 추가적인 계획을 세우고 고민하는 운이다.

⑫ 양의 운 : 변혁을 꾀하기 위해서 추가 계획한 새로운 일과 업무를 구체화 시키는 운이다.

사주를 간명함에 있어서 사람마다 생각이 달라 12운성을 중요하게 여기지 않는 사람도 존재한다. 12운성으로 사주를 분석하지 않아도 많은 부분

을 해석할 수 있기 때문이다. 그렇다고 해서 12운성의 해석법을 송두리째 무시해도 된다는 것은 아니다. 사주 간명의 가장 기초인 지지의 형충(形沖)도 12운성에 근간을 두고 있기에 12운성을 무시한다는 것은 명리학의 기초를 무시하는 것과 같다고 볼 수 있다.

예를 들어, 寅申沖의 관계를 12운성의 관점에서 분석해보면 절(絶)과 절(絶)의 관계이다. 지지 寅을 천간으로 올리면 甲이 되고, 甲은 申에서 절지이다. 지지 申을 천간으로 올리면 庚이 되고, 庚은 寅에서 절지에 놓이기 때문이다. 나머지 巳亥沖, 子午沖, 卯酉沖도 같은 구조이다. 절지는 끊어지고 새로 생겨나는 전환의 의미이다. 그래서 충을 해석할 때도 기존의 것에 변화가 생기고 새로운 환경이 다가온다고 해석된다.

아울러, 형(形)의 관계를 12운성의 관점으로 분석해보면 장생(長生)과 병(病)의 관계에 놓인다. 巳申形을 살펴보면, 지지 巳를 천간으로 올리면 丙이 되는데, 丙은 申에서 병(病)이며, 지지 申을 천간으로 올린 庚은 巳에서 장생(長生)에 놓인다. 나머지 寅巳形, 子卯形 등도 마찬가지이다. 장생(長生)과 병(病)의 조합은 굉장히 분주하게 움직이는 에너지를 나타낸다. 잠시도 가만히 있지 않고, 지치지 않는 역마의 기운이다. 그래서 형을 해석할 때도 사건사고, 질병의 단어와 연관되는 것이다.

<천간지지 12운성표>

구분	甲	乙	丙,戊	丁,己	庚	辛	壬	癸
寅	건록	제왕	장생	사	절	태	병	목욕
卯	제왕	건록	목욕	병	태	절	사	장생
辰	쇠	관대	관대	쇠	양	묘	묘	양
巳	병	목욕	건록	제왕	장생	사	절	태
午	사	장생	제왕	건록	목욕	병	태	절
未	묘	양	쇠	관대	관대	쇠	양	묘
申	절	태	병	목욕	건록	제왕	장생	사
酉	태	절	사	장생	제왕	건록	목욕	병
戌	양	묘	묘	양	쇠	관대	관대	쇠
亥	장생	사	절	태	병	목욕	건록	제왕
子	목욕	병	태	절	사	장생	제왕	건록
丑	관대	쇠	양	묘	묘	양	쇠	관대

明知賢

3

타고난 사회적 책임과 의무

햇살이 - 풀다

찌는 듯한 햇살 아래
세상 최고의 사치를 즐긴다.

퍼런 사과가
노르스름해질 때쯤이면,
말리고 닦고 자르고 붙이고
한스러운 시간은
새 한 마리 우는 소리조차 고맙다.

"쉿, 돌아보지 마세요.
돌아보지 마세요.
돌아보면 돌이 된대요."

애쓰러운 사과가 발그스름해질 때까지
쌓고 부수고 넣고 빼고
한 알의 기쁨이 천 개의 슬픔을 사라지게 한다.

오늘도 나는 최고의 농사꾼이다.

丁庚知

3장
타고난 사회적 책임과 의무

3. 격국론(格局論)

　사람은 누구나 태어나면서부터 부여받은 사회적인 역할이 있는데 이것을 명리학에서는 격이라고 한다. 그래서 선천적으로 타고난 사회적 역할과 임무는 무엇이고, 그 역할과 임무에 따른 책임은 무엇이며, 그에 맞는 임무를 수행할 의지가 있는지 알기 위해서 격을 살펴야 한다.

<육신을 나누는 여러 기준>

육신을 나누는 기준	육신의 길·흉		격의 길·흉		육신의 음·양	
	길신	흉신	길격	흉격	정성	편성
해당 육신	정인	편인	정인	양인(겁재)	정인	편인
	정관	편관	정관	건록(비견)	정관	편관
	식신	상관	식신	상관	정재	편재
	비견	겁재	정재	편관	상관	식신
	정재	–	편재	–	겁재	비견
	편재	–	편인	–	–	–

본격적인 격을 알아보기 전에 우선 위의 표를 참고하여 육신을 나누는 여러 기준부터 살펴 개념을 확실히 이해하고 넘어가자

3.1. 용신(用神)·희신(喜神)·격국(格局)

3.1.1. 용신(用神) 이란?

용신(用神)이란 "神을 쓴다." 또는 "쓰는 神"이라는 뜻이다. 격국론에서 신(神)은 일간을 기준으로 팔자의 나머지 글자들의 생극 관계를 따져 설정하는 10가지의 십신(十神)으로, 비견(比肩)·겁재(劫財)·식신(食神)·상관(傷官)·편재(偏財)·정재(正財)·편관(偏官)·정관(正官)·편인(偏印)·정인(正印)이 바로 그것이다. 일간을 제외한 나머지 일곱 글자 중에서도 월지(月支)의 기운이 가장 강하고 사회생활에 기준이 되므로 월과 관련된 글자로 격 용신을 취(取)한다. 월령 안에 사람이 태어나면서부터 주어진 재능인자와 사명이 있다고 보기 때문이다.

이렇게 월지 또는 월지와 관련된 글자로 격 용신을 취하는 방법은 아주 오래전부터 검증되어 내려오는 방법으로 명리학 3대 고서(古書) 중 하나인 서자평(徐子平)의 『자평진전(子平眞詮)』에도 수록되어 있다. 바로 "팔자용신 전구월령(八字用神 專求月令)"이란 구절이 그것인데, 이는 "격 용신은 오로지 월령에서 구해야 한다."라는 뜻이다. 격 용신을 월령에서 취하는 방법은 자평명리학의 근본이고 격국론의 근본이며 현대 명리학에서도 명주(命主)의 사회적 역할을 판단할 때 많이 참고하는 방법이라 할 수 있다.

참고로 서자평(徐子平)이라는 인물은 최초로 일간(日干)을 위주(爲主)로 팔자를 분석하는 자평명리학(子平命理學)의 창시자이며, 이것으로 신법 명리의 시대를 열었다고 평가받고 있는 인물이다.

격 용신이 왕하면 사회적 성취에 대한 목표 의식이 명확하고, 목표치가 높다. 반대로 격이 약하고 작으면 사회적 성취에 대한 목표 의식이 비교적 느슨하며, 이루고 싶은 사회적 성취도가 낮거나 별로 없을 수 있다.

3.1.2.희신(喜神) 이란?

용신이 파악되면 그 용신을 잘 발현될 수 있게 해주는 용신의 희신이 정해지게 된다. 희신이란 용신이 기쁘게 반긴다고 하여 "기쁠희(喜) 자(字)"를 써서 이를 희신(喜神)이라고 부른다. 격국론에서 희신은 각 격마다 2종류가 있는데, 격을 격답게 만들어 주는 상신(相神)과 용신의 활용도를 높이는 구신(救神)이다.

<격 용신과 희신>

격 용신 (부여 받은 임무)	격 희신(격을 돕는 요소)	
	상신	구신

격 희신이 천간에 있다면 격이라는 부여받은 임무를 수행하기 위해 그에 맞는 방법을 잘 알고 원만히 수행해 나갈 수 있음을 의미한다. 그래서 격이 왕하고 천간에 희신까지 왕성하면 사회적 성취를 위해 공적인 인간관계는 굉장히 유연하고 부드러우나 사적인 인간관계가 잘 안 될 수도 있다. 따라

서 대게 개인적인 삶보다 공(公)적인 삶을 살아가게 되는 사람이 많다. 이러한 유형을 보고 "성격(成格)된 명(命)이다."라고 부른다. 그러나 격의 희신을 갖추고 있지 않고 격에 반(反)하는 십신인 기신(忌神)을 가지고 있으면 부여받은 임무를 개인적으로 풀어서 살아가는 사람이 된다. 이러한 유형을 보고 "파격(破格)된 명(命)이다."라고 부른다. 즉, 성격(成格)된 명(命)은 부(富)보다 귀(貴)를 추구하는 삶이고 반대로 파격(破格)된 명(命)은 귀(貴)보다 부(富)를 추구한다고 볼 수 있다.

그렇다고 성격된 명이 성공하는 명이고 단순히 격이 약하거나 격이 파격이 된다고 해서 잘 못 살고 어렵게 산다는 것이 아니다. 그 반대의 경우도 존재한다.

격국 용신을 월령에서 구한다는 것은 결국 세상이라는 환경을 기준으로 일간이라는 개인을 맞춘다는 것이다. 과거의 한국 사회는 개인보다 가문이나 사회와 국가에 헌신하는 것을 최고로 꼽았기에 격에 맞는 행위를 하는 것을 매우 좋게 평가했다. 하지만 현대에 이르러서는 개인의 행복권 및 개성이 중시되고, 사유재산이 보장되고, 또 개인의 자질과 능력을 발휘할 수 있는 도구와 인프라가 많이 갖춰져 있는 세상에서 살아가므로 희신이 없어 파격이 되어도 잘 사는 사람이 많다. 그러니 성격과 파격 중 더 나은 것이 있고 정답이 있는 것이 아니라 결국 본인에게 맞는 삶을 살면 되는 것이다.

3.1.3. 격국(格局) 이란?

앞서 언급하였듯이 격(格)이 정해지면 그 격에 맞는 희신인 상신과 구신이 정해진다. 이렇게 격은 격 용신과 그에 어울리는 희신이라는 글자들과 결속되어 뭉쳐져 있다고 하여 격국(格局)이라 부른다.

또한 월지를 포함하여 지지가 삼합(三合)하여 특정 기운이 크게 형성됨으로 인해, 사주 전반적인 기세의 판국(判局)이나 국면(局面)에 많은 영향을 미치고 있는 것을 보고 "격국(格局)을 이뤘다."라고 표현하기도 한다.

3.2.격의 분류와 특징

격을 판단하기 위해서는 우선 격 용신을 먼저 파악해야 하는데, 앞서 언급하였듯 격 용신은 월령에서 구한다. 일간을 월지(月支)에 기준하여 대조하면, 생하고 극하는 현상이 사주마다 다르니 이로써 격이 나뉜다. 이렇게 격 용신을 정하는 것을 취격이라 한다.

3.2.1.격의 분류

십신 중 격(格)으로 쓸 수 있는 신(神)은 식신(食神)·상관(傷官)·편재(偏財)·정재(正財)·편관(偏官)·정관(正官)·편인(偏印)·정인(正印)의 8가지이다. 이 여덟 가지의 격을 내격이라 칭하며 과거에는 이 여덟 개의 격을 팔정격(八正格)이라고 불렀다.

그 외에 격으로는 월지가 비견(比肩) 또는 겁재(劫財)가 되면서 동시에 일간이 득령(得令)하는 형태인 양인격, 건록격과 특정 육신과 오행으로만 구성된 종격(從格) 또는 전왕격(全旺格)으로 불리는 격 등이 있다. 이렇게 내격에 들어가지 않은 격들을 외격으로 칭하며, 현재는 외격 중에 양인격과 건록격까지 정격(正格)에 포함하여 통상 10개의 정격으로 소통하는 추세이다. 양인·건록격을 제외한 나머지 외격은 성립하기가 매우 까다롭고 극히 드물기도 하며 명리학자나 계파에 따라 인정하지 않는 곳도 많으므로 이 책에서는 십정격(十正格) 위주로 살펴볼 것이다.

<격의 분류와 종류>

지　지		지장간	사령일
10정격	길격 (순용격)	편재격	내격
		정재격	
		정인격	
		편인격	
		정관격	
		식신격	
	흉격 (역용격)	상관격	
		편관격	
		양인격	
		건록격	
기타격		전왕격(종격, 일행득기격)	외격
		시상일위 편관격	
		자요사격	
		축요사격	
		비천록마격	
		기타 등등	

본격적으로 격을 알아보기 전에 간단히 격의 특성을 알아보자.

1) 십정격

1-1) 흉격(역용격)

① 양인격 : 타인의 재물 및 건강 챙겨주기

② 건록격 : 나의 능력 및 가치를 타인과 함께하기

③ 상관격 : 타인의 어려움(의식주)을 도와주기

④ 편관격 : 무질서한 세상에서 해결사 노릇하기

● 흉격 + 상신(○) : 공적인 신분이 생긴다. → 귀(貴)를 추구

● 흉격 + 상신(×) : 사적인 신분을 가진다. → 부(富)를 추구

1-2) 길격(순용격)

① 정인격 : 객관적 능력 갖추기, 관리, 감독, 평가(정량적 평가), 명령권자 역할하기(주로 사무직 내근직을 지향한다.)

② 편인격 : 주관적 능력 갖추기, 조사, 평가(비정량적, 주관적 평가) 역할하기(주로 외근직을 하게 된다.)

③ 식신격 : 재능 및 기술을 연마하여 자신을 드러내기

④ 정재격 : 정해진 영역을 관리하기

⑤ 편재격 : 영역을 확장하는 관리, 경영하기

⑥ 정관격 : 질서 정연한 조직에 소속되기

2) 외격(양인, 건록제외)

2-1) 전왕격

① 윤하격 : 수를 극하는 오행이 없고 수로 거의 채웠을 때

② 가색격 : 토를 극하는 오행이 없고 토로 거의 채웠을 때

③ 곡직격 : 목를 극하는 오행이 없고 목으로 거의 채웠을 때

④ 염상격 : 화를 극하는 오행이 없고 화로 거의 채웠을 때

⑤ 종혁격 : 금를 극하는 오행이 없고 금으로 거의 채웠을 때

2-2) 종격(從格)

① 종아격 : 팔자 전체에 거의 식상만 있어 식상에 종하는 명

② 종재격 : 팔자 전체에 거의 재성만 있어 재성에 종하는 명

③ 종(관)살격 : 팔자 전체에 거의 관성만 있어 관성에 종하는 명

④ 종강격 : 팔자 전체에 거의 비겁만 있어 비겁으로 왕한 명

⑤ 종왕격 : 팔자 전체에 거의 인성만 있어 인성으로 왕한 명

◉ 외격의 경우 웬만해서 성립하기가 힘들기에 외격의 존재 자체를 인정하는 술사도 있고 그렇지 않은 술사들도 많다. 의견이 분분하다.

◉ 다만, 외격 중 종격과 전왕격의 경우 아주 드물게 인정되는 명들이 있어 종격과 전왕격까지 인정하는 술사들은 꽤 많다.

◉ 명지현에서도 종격과 전왕격 정도만 드물게 인정하는 바이다.

◉ 나머지 외격인 합화기격, 양신성산격, 일행득기격, 비천록마격, 시상일

위편관격, 자요사격, 축요사격 등등의 외격은 인정하기 힘들고 대부분의 팔자는 앞서 설명한 10가지의 정격으로 해석이 가능하다.

3.3.취격(取格) 방법

누구나 월령이 있으므로 모든 사람은 격 용신(用神)이 있다. 격 용신을 좀 더 쉽게 비유하자면, 사회활동에 있어 꼭 필요한 나만의 도구나 장비라고 할 수 있다.

그런데 그 도구가 좋은 역할만 하는 것은 아니다. 도구를 잘 활용하여 사회적으로 성공해 큰 영향력을 행사하며 살 수도 있지만, 어떤 경우에는 도구를 잘못 다뤄 사회적으로 도태될 수도 있다. 그래서 '격 용신(格用神)을 쓴다' 함은 양날의 검과 같아 좋은 방향으로 쓰일 수도 있지만 반대로 좋지 않은 방향으로 쓰일 수도 있다.

격 용신은 월지에서 취하기에 대부분 월지장간 본기가 용신이 되긴 하나 변수나 예외 요소가 있으니 주의해서 살펴야 한다.

<격을 잡는 기본원칙>

> - 월지에서 구한다.
> - 월지장간의 본기가 우선 하지만 예외나 변수가 있다.

지지(地支)는 성질에 따라 생·왕·묘지로 구분할 수 있다. 이러한 지지의 고유한 성질 때문에 취격할 때에도 생·왕·묘지 별로 취격 방법이 구분된다.

3.3.1. 생지월의 취격

생지(寅·申·巳·亥) 월의 경우 기본적으로 각 월의 본기인 甲·庚·丙·壬이 격 용신이다. 그리고 어떤 경우에도 월지장간 중 여기에 해당하는 무토를 격으로 취하는 법은 없다. 생지월의 여기는 이전 계절에서 현재로 넘어오는 과정에서 생성된 부산물 또는 흔적 같은 형태이므로 그 영향력이 미미(微微)하기 때문이다.

<4생지의 지장간>

구 분	지 지	지장간	기의 구분
4생지	寅(인)	戊	여기
		丙	중기
		甲	본기
	申(신)	戊	여기
		壬	중기
		庚	본기
	巳(사)	戊	여기
		庚	중기
		丙	본기
	亥(해)	戊	여기
		甲	중기
		壬	본기

하지만 예외 요소로 특정 조건 3가지를 모두 만족시킨다면, 월지장간의 본기 대신 중기가 격이 될 수 있다. 그 조건은 다음 표와 같다.

<생지월의 중기 취격 조건>

조건 ①	월지와 삼합하는 왕지가 년지 또는 일지에 있어야 함
조건 ②	월지장간 중기가 천간으로 투간해야 함
조건 ③	대운이 삼합 왕지의 계절로 흘러야 함

- 3조건 전부 만족시킨다면 월지장간 중기를 격으로 잡을 수 있다. 그렇지 못하면 월지장간의 본기가 격이 된다.

가령 申월에 태어난 사람이 다른 지지에 子가 있고 천간에 壬 또한 있으며 대운이 亥·子·丑으로 흐르는 경우를 말한다.

<생지월의 취격 사례>

구분	사례	격
예시 1	신월 병화일간	편재격
예시 2	신월 병화일간 천간 임수 투간	편재격
예시 3	신월 병화일간 자수, 보유	편재격
예시 4	신월 병화일간 자수, 진토 모두 보유 및 천간 임수 투간	편재격
예시 5	신월 병화일간 자수 보유, 천간 임수 투간, 대운 해자축	편관격

예시1.

○	丙	壬	○	격 용신 : 庚
○	○	申	○	편재격
○ ○ ○ ○ ○ ○	戊 壬 庚	○ ○ ○		

신월의 본기는 경금이기에 병화일간에게는 경금이 편재이므로 편재격이 된다.

예시2.

				격 용신 : 庚 편재격
○	丙	壬	○	
○	○	申	○	
○ ○ ○ ○ ○ ○		戊 壬 庚	○ ○ ○	

- 🔴 신월의 중기 임수가 투간하였지만, 이것만으로 임수를 격으로 잡을 수 없다.
- 🔴 이때의 임수는 의지만 있을 뿐 실질적으로 행할 수 없으므로 격을 실현하기 불가능한 것으로 판단한다.

예시3.

				격 용신 : 庚 편재격
○	丙	○	○	
○	○	申	子	
○ ○ ○ ○ ○ ○		戊 壬 庚	壬 － 癸	

- 🔴 천간의 임수는 없지만, 지지의 자수가 있어 신자 삼합을 이뤘다.
- 🔴 하지만, 이 경우에도 임수를 격으로 잡을 수 없다.
- 🔴 어찌됐든 명주의 직업 환경은 지지 신금의 본기인 경금이고 임수를 할 의지가 없기 때문이다.

예시4.

○	丙	壬	○	격 용신 : 庚
○	辰	申	子	편재격
○ ○ ○	乙 癸 戊	戊 壬 庚	壬 - 癸	
甲	丙	戊	庚	
乙	丁	己	辛	
子	寅	辰	午	
丑	卯	巳	未	

- 예시4.의 명조는 월지가 신자진 합을 하고 있고 임수까지 투간되었다.

- 하지만, 이 경우에도 임수를 격으로 잡을 수 없다.

- 지지가 신자진 합을 하여 수국을 형성하여 환경이 수(水)운동을 할 수 있고, 천간에 임수까지 투간하여 명주의 의지까지 있는 상태이다.

- 그렇다고 하더라도 가능성과 의지만으로 그것을 사회활동에 풀어서 쓰는 것은 불가능하다.

- 대운이 수(水)운으로 빨리 흘러야, 실질적인 수(水)를 쓸 수 있는 환경을 만나는 것이니 비로소 임수를 쓸 수 있는 것으로 본다.

- 예시4.의 명조는 대운이 수 운동과 반대되는 화 운으로 먼저 흐르니 수를 사회생활에 풀어 쓰는 건 어렵다고 본다. 그래서 편재격으로 판단한다.

예시5.

○	丙	壬	○	격 용신 : 壬
○	○	申	子	편관격
○ ○ ○	○ ○ ○	戊 壬 庚	壬 - 癸	
庚	戊	丙	甲	
己	丁	乙	癸	
辰	寅	子	戌	
卯	丑	亥	酉	

◉ 예시5.의 명조는 신월에 임수가 투간하고 년지 자수와 신자 합을 통해 수국을 이뤘다.

◉ 대운까지 酉, 戌을 지나 亥, 子로 흐르고 있으니 충분히 임수를 활용하여 사회생활이 가능하다.

◉ 이렇게 천간의 의지와 지지의 가능성에 더해 대운이 실제로 그것을 실현시켜줄 환경을 열어줘야 생지(生地) 월의 중기를 격으로 취할 수 있다고 판단한다.

3.3.2.왕지월의 취격

왕지(子·午·卯·酉) 월의 경우 기본적으로 본기인 癸·丁·乙·辛이 격 용신이다. 그러나 월지장간 중 여기(餘氣)인 壬·丙·甲·庚이 천간에 투간하면 여기(餘氣)가 격이 된다. 午월에 태어난 경우, 午의 지장간 중 본기 丁화를 격으로 취하지만 천간에 丙화가 투간했다면 丙화가 격이 된다는 것이다.

<4왕지의 지장간>

구분	지 지	지장간	기의 구분
4왕지	子(자)	壬(여기)	여기
		–	중기
		癸(본기)	본기
	午(오)	丙(여기)	여기
		己(중기)	중기
		丁(본기)	본기

구분	지 지	지장간	기의 구분
4왕지	卯(묘)	甲(여기)	여기
		–	중기
		乙(본기)	본기
	酉(유)	庚(여기)	여기
		–	중기
		辛(본기)	본기

그런데 만약 여기(餘氣)와 본기(本氣)가 모두 천간에 투간하였다면 당령이 격이 된다. 여기서 당령이란 생일이 해당 월의 중기 절기(子월이면 동지, 午월이면 하지, 卯월이면 춘분, 酉월이면 추분)를 기준으로 중기 이전이면 여기(餘氣)가 격이 되고 중기 이후면 본기(本氣)가 격이 된다.

예를 들어 子월생인데 천간에 壬수도 있고 癸수도 있는 경우 생일이 동지 이전이면 壬수가 격이고, 생일이 동지 이후면 癸수가 격이라는 말이다.

<왕지월의 취격 사례>

구분	사 례	격
예시 1	유월 병화일간	정재격
예시 2	유월 병화일간 천간 경금 투간	편재격
예시 3	유월 병화일간 천간 경금 및 신금까지 투간 추분 이전	편재격
예시 4	유월 병화일간 천간 경금 및 신금까지 투간 추분 이후	정재격

예시1.

丁	丙	癸	甲	격 용신 : 辛
酉	午	酉	子	정재격
庚 – 辛	丙 己 丁	庚 – 辛	壬 – 癸	

- 유월의 본기는 신금(辛金)이므로 신금(辛金)이 격 용신이 된다.
- 병화일간에 신금은 정재가 되므로 정재격이다.

예시2.

○	丙	○	庚	격 용신 : 庚
○	○	酉	○	편재격
○ ○ ○	○ ○ ○	庚 – 辛	○ ○ ○	

- 유월의 본기는 신금(辛金)이지만 천간에 경금(庚金)이 투간되었다.
- 월지장간이 천간으로 투간되는 것은 명주가 그것을 할 의지가 있는 것으로 본다.
- 왕지는 생지나 묘지와 다르게 하나의 순일한 기운으로 형성되어 있기 때문에 지장간의 글자들도 음양만 다를 뿐 같은 오행이다.
- 따라서 왕지월은 월지장간에 어떤 글자가 투간하더라도 그 글자를 수행할 수 있는 환경이 뒷받침 되므로 투간자 원칙을 따른다.
- 그러므로 예시2.의 명조와 같이 유월생이지만, 경금(庚金)이 투간하면 경금(庚金)이 격용이 된다.

예시3.

				격 용신 : 庚 편재격
○	丙	辛	庚	
○	○	酉	○	비고 : 생일 추분 이전
○ ○ ○ ○ ○ ○	庚	－	辛	○ ○ ○

- 예시3. 처럼 유월생이 천간에 경금(庚金)과 신금(辛金) 모두를 투간되면, 당령을 기준으로 격을 취한다.
- 당령은 이분 이지(동지, 하지, 춘분, 추분)를 기준으로 열두 달을 네 구역으로 나눈다.
- 유월의 경우 추분을 기점으로 경금(庚金)당령과 신금(辛金)당령으로 나뉘게 된다.
- 예시3. 의 명조의 경우 생일을 추분 이전이라 가정하였기에 추분 이전은 경금(庚金)이 당령하는 시기이므로 경금(庚金)을 격으로 취한다.

예시4.

				격 용신 : 辛 정재격
○	丙	辛	庚	
○	○	酉	○	비고 : 생일 추분 이전
○ ○ ○ ○ ○ ○	庚	－	辛	○ ○ ○

- 예시3. 과 마찬가지로 유월에 경, 신금이 모두 투간한 명조이다.
- 다만 명주의 생일을 추분 이후로 가정하였기에, 이때는 신금(辛金)당령 시기이므로 신금(辛金)을 격으로 취한다.

3.3.3.묘지월의 취격

묘지월은 모두 본기가 토 오행이 공통된 특징이다. 토 오행 특성상 계절을 마무리하는 역할을 하므로 확고한 운동성을 가진 에너지가 아니다. 바꿔 말해 계절의 주체성을 나타내는 것이 불가능하다는 것이다. 이와 같은 이유로 묘지월생은 어떠한 경우에도 양인, 건록격을 취하지 못한다. 또한 묘지월생은 다른 자리의 글자와의 관계성으로 인해 변격의 요인이 많다. 취격의 변수가 많다는 것이다. 결론부터 말하자면 월지장간의 여기가 격이 될 수도 있고, 중기가 격이 될 수도 있고, 본기가 격이 될 수도 있다. 이런 변수 외에도 예외의 경우가 있어 묘지월생의 취격은 다른 월에 비해 상당히 까다롭다.

십이지지의 모든 글자는 사실 왕지와 삼합운동을 하는 것이 주된 목적이다. 특히 정체성이 상대적으로 모호한 묘지의 경우, 묘지와 삼합을 하는 왕지 글자를 만나면 존재 이유가 확실해지는 것으로 판단하기 때문에 묘지의 중기를 격으로 취하게 된다. 따라서 묘지월 생은 원국에 해당 묘지와 삼합하는 왕지의 유무가 하나의 큰 기준이 된다.

정리하자면, 묘지월생은 취격하는데 변수가 많다. 월지와 삼합하는 왕지의 유무가 중요하고 일간과 동기 오행으로 격을 잡는 "양인격과 건록격은 격으로 취하지 않는다."라는 원칙을 항상 염두하고 격을 잡아야 한다.

3.3.3.1.묘지월생의 삼합有

묘지월생의 취격의 조건 중 가장 크고 명확하게 영향을 미치는 조건은 월지와 삼합하는 왕지의 유무이다. 그래서 일단 삼합 왕지의 존재 유무를 먼저 살펴야 한다. 진월생이 자수가 있는 경우, 미월생이 묘목이 있는 경우, 술월생이 오화가 있는 경우, 축월생이 유금이 있는 경우가 이 조건에 해당한다. 이렇게 삼합 왕지가 있으면 삼합 왕지의 본기를 격으로 취한다. 즉, 癸·丁·乙·辛이 격 용신이다. 그런데 삼합 왕지가 있는 가운데 천간에 본기와 음양이 다른 양간의 글자인 壬·丙·甲·庚이 투간하면 이 양간의 글자를 격으로 취한다. 가령 未월생이 다른 지지에 卯목이 있어 卯未 삼합으로 卯의 본기 乙목을 격으로 취하려 하는데, 천간에 甲목이 존재한다면 甲목으로 격을 취해야 한다. 천간은 명주의 생각과 의지이기 때문이다.

하지만 앞서 말했듯 최종적으로 격으로 취하려는 글자의 오행이 일간과 같은 오행이라면 그 글자는 격 용신으로 취할 수 없다. 가령 丑월생이 일지에 酉금이 있어 酉丑 삼합으로 酉금의 지장간 본기 辛금을 격으로 잡으려 했는데, 일간 또한 辛금인 경우에는 辛금을 격으로 취할 수 없다는 것이다. 이 경우 차선으로 丑토의 지장간 중 辛금 외에 다른 글자가 투간 하였다면 해당 글자를 격으로 잡는다. 아무것도 투간한 것이 없다면 본기인 己토를 격으로 취한다.

3.3.3.2.묘지월령생의 삼합無

월지와 삼합하는 왕지가 없을 경우에는 해당 월 절입일 기준으로 생일이

12일을 초과하지 않으면 묘지월의 여기인 癸·丁·乙·辛이 격 용신이다. 만약 12일을 초과하면 본기인 戊己토가 격이 된다.

하지만 이때 월지장간 중 특정 오행이 천간에 투간 하거나 왕성하여 그 세력을 이루고 있을 경우 그것을 격으로 잡을 수 있다. 다만 이때도 투간한 월지장간의 글자 및 세력을 크게 형성하고 있는 글자가 일간의 동기 오행이라면 격으로 취하지는 않는다.

<4묘지의 지장간>

구 분	4 묘 지											
	辰(진)			戌(술)			丑(축)			未(미)		
지장간	乙	癸	戊	辛	丁	戊	癸	辛	己	丁	乙	己
기(氣)	여기	중기	본기	여기	중기	본기	여기	중기	본기	여기	중기	본기

<묘지월의 취격 조건>

구 분	내 용
삼합 (O)	• 묘지월생의 경우 체보다 용을 중시하니 삼합(왕지 포함 반합)이 있으면 그 삼합의 왕지 지장간의 본기를 격으로 잡는다. • 이때 삼합 왕지 지장간의 여기에 해당하는 글자가 투간되면 그 글자를 격으로 잡는다. • 그리고 삼합 왕지 지장간이 비견 또는 겁재일 경우 토 월령자는 양인, 건록을 격으로 잡지 않으므로 월지의 본기 그대로를 격으로 잡는다. • 만약 삼합 왕지의 본기와 여기 둘다 투간 되면 본기가 격이 된다.

삼합 (×)	• 해당 월 절입일 기준으로 생일이 12일을 초과하지 않으면 여기(진토는 을, 술토는 신, 축토는 계, 미토는 정)가 격이 되며 12일을 초과하면 본기인 토가(무토 또는 기토) 격이 된다. • 12일 이후에는 본기($\pm$)가 용사하여 토가 격이되지만 일간이 무토 또는 기토일 경우 격을 잡을 수 없으므로 월지 장간 중 특정 오행이 천간에 투간하거나 천간에 왕성하여 그 세력을 이루고 있는 글자가 있을 경우 그 천간 글자를 격으로 잡을 수 있다. • 다만 이때도 아무리 세력을 크게 형성하였더라도 비견과 겁재를 격으로 취하지는 않는다.

<묘지월의 취격 사례>

구 분	사　례	격
예시 1	미월 신금일간 묘목 보유	편재격
예시 2	미월 신금일간 묘목 보유 + 천간 갑목 투간	정재격
예시 3	미월 신금일간 묘목 보유 + 천간 갑목에 을목 둘 다 투간	편재격
예시 4	미월 을목일간 묘목 보유 [묘지월 취격의 경우 양인, 건록격을 잡지 않기 때문에 이때에는 본기의 육신을 격으로 잡는다]	편재격
예시 5	미월 신금일간 삼합이 없을 경우 소서 기준 12일 이전	편관격
예시 6	미월 신금일간 삼합이 없을 경우 소서 기준 12일 이후	편인격
예시 7	미월 정화일간 삼합이 없을 경우 소서 기준 12일 이전 [묘지월령 취격의 경우 양인, 건록격을 잡지 않기 때문에 이때에는 토오행의 십성 그대로를 격으로 잡는다]	식신격
예시 8	미월 기토일간 삼합이 없을 경우, 소서 기준 12일 이후	변. 격

예시1.

				격 용신 : 乙 편재격
○	辛	○	○	
○	卯	未	○	

○	○	○	○	○	○	丁	乙	己	○	○	○

- 미월생 묘미합으로 삼합 용사하여 을목을 격으로 취한다.

- 묘지는 왕지와 삼합을 하면 비로소 그 의미가 부여되기 때문에 해당 삼합왕지의 본기이자 묘지의 중기 글자가 격이 된다.

- 따라서 예시1. 의 경우에는 을목이 격이되므로 편재격이다.

예시2.

				격 용신 : 甲 정재격
○	辛	○	甲	
○	卯	未	○	

○	○	○	甲	−	乙	丁	乙	己	○	○	○

- 예시1. 의 명조와 같이 미월생 묘미합으로 목국을 형성하여, 삼합 왕지의 본기이자 묘지의 중기 글자 을목을 격으로 잡으려 하는데 천간에 갑목이 투간됐다.

- 묘미합은 목국이며 목운동을 하는데 천간에 들어난 글자가 갑목이 대표하여 떴다.

- 이는 목운동을 함에 있어서 명주의 의지는 갑목이며, 명주가 인지하는

것 또한 갑목인 것이다.

- 그래서 이 경우엔 투간자 원칙을 따라 을목 대신 갑목을 격으로 취한다.
- 신금일간 기준으로 갑목은 정재가 되므로 정재격이다.

예시3.

	辛	乙	甲	격 용신 : 乙
○	卯	未	○	편재격
○ ○ ○ 甲 – 乙	丁 乙 己	○ ○ ○		

- 월지가 목국 삼합을 하고 있는 것은 예시2.와 동일하지만 천간에 같은 목기운인 갑목과 을목 둘 다 투간되었다.
- 이때는 을목이 격이 된다. 신금일간에게는 을목이 편재이므로 편재격이다.
- 월지인 미토에도 갑목이 아닌 을목이 있고, 을목이 삼합 왕지의 본기이기 때문에 명주의 인식과 의지는 을목에 있다.

예시4.

	乙	○	○	격 용신 : 己
○	○	未	卯	편재격
○ ○ ○ ○ ○ ○	丁 乙 己	甲 – 乙		

● 미월생이 삼합하는 왕지 묘목이 있어, 왕지의 본기이자 묘지의 중기인 을목을 격으로 잡아햐 하는데 일간이 을목 일간이다.

● 일간 을목과 같은 을목은 육신으로 비견이라 건록격을 잡아야 하지만 묘지월 자체가 계절의 대표성을 나타낼 수 없기에 건록격과 양인격은 취할 수 없다.

● 이 경우 그냥 묘지의 본기인 토오행에 해당하는 육신을 격으로 잡는다.

● 즉, 미토의 본기인 기토를 격으로 취하는 것이다.

● 을목 일간 기준으로 기토는 편재가 되므로 편재격이다.

예시5.

○	辛	○	○	격 용신 : 丁
○	○	未	○	편관격
○ ○ ○ ○ ○ ○	丁 乙 己	○ ○ ○		소서 기준 12일 이내

● 예시5.와 같이 미월의 신금일간 삼합이 안 됐을 때는 미중 을목을 격으로 취할 수 없다.

● 이때는 명주의 생일이 해당 월의 절입일 이후 12일이 지났는지 지나지 않았는지를 살펴 여기인 정화를 격으로 취할지 본기인 기토를 격으로 취할지를 판단해야 한다. 즉, 사령으로 격을 취하는 것이다.

● 앞서 지장간 파트에서 묘지월의 사령에 대해 공부하였다.

● 미월의 경우 한달 30일 중 정화가 8일, 을목이 4일, 기토가 18일을 차지

하고 있다.

- 이 중 을목은 묘목과 합을 해야 쓸 수 있으니, 격을 취할 때는 을목이 차지하고 있는 4일까지 정화의 영향력 아래 있다고 간주한다.
- 따라서 월 절입일 기준으로 12일은 정화가, 이후 18일간은 기토의 영향력 아래에 있다고 정리할 수 있다.
- 미월은 소서 절기가 기준이다. 따라서 명주의 생일이 소서 일을 기준으로 +12일까지는 정화사령이 되니 정화가 격이다.
- 신금일간 기준으로 정화는 편관이니 편관격이다.
- 예) 25년 을사년 소서일 양력 7월 7일이다. +12일 하면 19일까지가 정화 사령기간이다.
- 즉 명주의 생일이 7월 7일부터 19일까지는 정화가 격이 된다는 것이다.

예시6.

				격 용신 : 己
○	辛	○	○	편인격
○	○	未	○	

												소서 기준 12일 이후
○	○	○	○	○	○	丁	乙	己	○	○	○	

- 예시5.와 같이 예시6.도 월지와 삼합이 안된 경우에 미월 절입일(소서일) 기준으로 12일이 초과하였을 경우이다.
- 이 경우 예시5.의 취격 설명에서 언급하였듯 본기인 기토가 사령하므로 기토를 격으로 잡는다.

🔴 신금 일간 기준으로 기토는 편인이므로 편인격이 된다.

예시7.

○	丁	○	○	격 용신 : 己
○	○	未	○	식신격
○ ○ ○ ○ ○ ○	丁	乙	己	○ ○ ○	소서 기준 12일 이전

🔴 예시7.의 명조 또한 월지가 삼합하지 않는 조건이다.

🔴 앞서 예시5, 6의 경우와 마찬가지로 사령으로 격을 취해야 하는데, 명주의 생일이 소서기준 12일을 넘지 않아 정화가 사령이다.

🔴 그런데 일간이 정화이기 때문에 사령이 육신으로 비견이 되는데, 묘지 월생은 절대 비견과 겁재를 격으로 잡지 못하므로 격으로 쓸 수 없다.

🔴 이 경우엔 예시4.의 경우와 동일하게 사령이 아니더라도 본기인 기토를 격으로 잡는다.

🔴 정화 일간 기준으로 기토는 식신이 되니 식신격이다.

예시8.

○	己	○	○	격 용신 : ○
○	○	未	○	○○격
○ ○ ○ ○ ○ ○	丁	乙	己	○ ○ ○	소서 기준 12일 이후

◉ 예시8.의 명조 또한 월지가 삼합하지 않는 조건에 생일은 절입(소서)일
기준 12일 이후이다.

◉ 앞서 예시5, 6의 경우와 마찬가지로 사령으로 격을 취해야 하는데, 명주
의 생일이 소서기준 12일을 초과하여 기토가 사령이다.

◉ 그런데 일간이 기토이기 때문에 사령이 육신으로 비견이 되는데, 묘지
월생은 절대 비견과 겁재를 격으로 잡지 못하므로 격으로 쓸 수 없다.

◉ 일간이 토일간이 아니면 그냥 본기를 격으로 취할 수 있으나, 토일간일
경우 본기를 격으로 취하지 못하니 이 경우 굉장히 격을 취하기가 모호
해진다.

◉ 이때에는 천간 글자 중 가장 힘이 있는 글자를 격으로 취한다.

◉ 미월이니 우선 화(火)기가 있으면 화로 격을 잡고 화기가 없고, 금(金)기
가 천간으로 올라와 있으면 금으로 격을 잡는다.

◉ 이마저도 안 되면 대운에 따라 격이 변하는 변격의 삶을 살 공산이 크다.

◉ 따라서 천간의 구조와 대운의 향방에 따라 달라질 수 있으니, 각각의 경
우마다 격이 다를 수 있다.

3.4.십정격의 심리

3.4.1.정관격(正官格)

일간을 극하는 오행이 월지에 있고, 음양이 다른 것을 말한다. 월지에 정
관이 있는 것을 가장 좋은 격으로 보며, 원국 지지에 일간의 근(根)이 없고
천간에 편관과 상관이 없으며, 1개의 정관만 있는 것이 이상적이다.

정관격은 명예 지향적이면서 안정을 추구하게 된다. 그래서 가정에서든 직업에서든 급격한 변화나 변동을 싫어하고, 정해진 틀이나 설명서에 맞게 순서대로 행동하는 것을 선호한다. 이처럼 극도의 안정을 추구하는 성향이라 강한 추진력이나 승부욕은 부족하다. 그래서 근면 성실하며 정직하고 법과 규범을 잘 지키고 항상 바르게 행동해 주변 사람들로부터 존경받는 장점도 있다.

정관은 본래 행정 공무원과 같은 안정된 문관(文官)을 지향한다. 안정 지향주의 신념으로 직업을 선택할 때 정년과 명예가 보장되는 행정직 등 흔히 철밥통으로 불리는 공무원이나 공공기관을 선호할 수 있다.

정인이 정관과 상생하거나 정인이 상관을 제화하여 정관을 보호하는 경우 공부하여 관록을 먹을 수 있는 곳으로 진출하며 지도자가 되는 길이 순조롭다. 이때 관이 더 왕(旺)하면 행정 전문가, 인이 더 왕(旺)하면 대학자에 어울린다.

- 인성이 없으면 승진에 문제가 있어 관리자, 결정권자, 고위직까지 승진하기 어려울 수 있다.
- 정관격이 재생관 받으면 재무계통의 관리직이나, 기업체의 중간 관리직까지 오를 수 있다.
- 만약 상신 정재와 구신 정인까지 있어, 관인상생에 재생관까지 이루면 조직의 경영자, 운영자, 총괄자까지 오를 수 있다.
- 정관에 식상관이 동주하거나 식정관합이 되어 있는 경우, 식신이라는 본

인의 기술 및 재능을 관에 납품하는 형태로 사회생활하는 사람이다. 영업적 특기를 가지고 직장을 다닐 수도 있고 직장 내에 꼭 필요한 특기를 가지고 있어 회사의 핵심 인물로 자리매김하는 사람이다. 단. 식상이 정관과 떨어져 있고 관인상생이 안 되는 경우, 정관에 소속을 두는 것이 아니라 정관(정부기관이나 큰 회사)에 출입하는 사람이 된다.

◉ 정관을 충하는 대운이나 세운에는 직장에 변동수가 생긴다.

◉ 정관이 거듭하여 있거나 편관이 섞여 있어도 격이 탁해진다.

◉ 편관이 있으면 관살혼잡 되어 고생이 많고, 운에서 편관이 오면 근심과 고통이 생길 수 있다.

- 직업역량 : 책임감, 안정성, 관리, 원칙
- 적합직업 : 행정, 법학, 관공서, 공무원, 회사원, 총무, 지배인, 관리인, 기타 원리원칙대로 업무처리 하는 안정적 직업 모두 해당

3.4.2.편관격(偏官格)

일간을 극하는 오행이 월지에 있고, 음양이 같은 글자를 말한다. 명예를 중시하고 인내심이 강하며 추진력과 배짱이 있다. 의리가 있고 남들 앞에 나서는 것을 좋아하여 조직관리를 잘한다. 권위의식이 있어 허세를 잘 부린다. 그러나 이러한 편관격의 성향은 일간의 근(根)이 왕(旺)해야 능력과 배짱으로 버티면서 나타내는 성향이다, 만약 근(根)이 약하다면 본인에게 맡겨진 직무수행이 능력이 떨어지므로 앞서 설명한 성향과 정반대의 성향

이 나올 수도 있다.

편관은 무관(武官)에 비유할 수 있는데, 정관과는 반대로 기틀이 잡혀 있지 않고, 일의 과정과 결과를 예측하기 힘든 일을 다루기 때문이다. 주로 돌발상황이 발생할 수 있는 현장직에 종사하는 사람이 많다. 그래서 불안 정하고 정해지지 않은 것을 정리하고 해결하는 해결사 역할을 많이 한다. 또 다른 말로 비유하자면, 안정된 세상을 지키는 것이 정관이라면 난세를 지키는게 편관이다. 위기 상황이나 돌발상황에 직면해야 할 일이 많으니, 힘과 권력을 추종하는 성향도 있다.

편관은 일간을 직접 극하니 항상 긴장하고 과로하며 타인을 위한 희생이 따른다. 그러나 편관의 역할을 잘 수행하면 갑자기 큰 감투를 쓰거나 하루 아침에 유명해지거나 하는 영광도 따른다.

◉ 편관격에 편인이나 식상이 있으면 권세가가 될 수 있다.
◉ 일간이 근왕하고 식신이 있으면 편관이라는 문제를 식신이라는 능력으로 해결하는 사람이다.
◉ 일간이 근왕하고 인성이 왕하면 편관이라는 어려운 문제를 해결하는 것이 아니라 꾀를 내어 자신에게 유리하게 활용할 수 있다.
◉ 편관격을 인성으로 설화하면 법관, 국회의원 등의 고위직도 가능하다.
◉ 일간이 근왕하고 식신으로 편관을 제화하면 응급하고, 위급하고 또는 돌발상황이 발생할 수 있는 현장직과 관련된 군인, 운동선수, 사회의 안전을 지키는 경찰·소방관, 건강을 지키는 의사, 교육자 등이 될 수 있다.

◉ 일간이 양간(陽干)이고 겁재가 있어 합살하면 대행업, 용역업 등 사람을 자원으로 쓰는 업무를 하는 직종과 인연이 있다.

◉ 일간이 음간(陰干)이고 상관이 있어 합살하면 영업, 협상, 협의, 로비 능력으로 사회생활을 하는 사람이다.

◉ 편관격 명(命)이 식신으로 편관을 제화하지 못하거나, 일간의 근(根)이 없어 신약하거나, 상관으로 합(合)하지 못하면 주체성 있는 삶을 살기 어렵다.

- 직업역량 : 리더십, 결단력, 행동력
- 적합직업 : 군인, 경찰, 법관, 정치, 의료. 보건(주로 응급관련), 경비, 경호, 체육, 교도관, 군무원, 선출직

3.4.3.정인격(正印格)

일간을 생하는 오행이 월지에 있고, 음양이 서로 다른 글자를 말한다. 정인격은 정관격과 비슷하게 안정 지향, 여유 지향으로 심리적으로 안정과 여유를 추구하고, 명예와 체면을 중시한다. 그래서 정인격은 정관격과 유사한 성향을 보인다. 도덕성을 추구하여 덕망이 높을 수 있고, 대체로 내성적이며 보수적이다.

정인은 정관이 있으면 기존 질서에 적합한 지식추구함으로 그 지식은 현실에 적합한 것을 기반으로 한다. 따라서 정관이 왕하면 사회에서 필요로 하는 것을 내가 익힌다. 그렇기 때문에 정인격의 상신은 정관이 된다.

주로 조직에 필요한 자격을 획득하여 조직 내에서 핵심적인 인물이 되고
자 하는 사람이며, 직업 선택의 폭이 넓어 어떤 직종에 근무하더라도 무난
하게 수행한다. 다만, 민첩성이나 순발력이 요구되고 유행에 민감한 소비
자 중심 업종에는 무리가 따를 수 있다.

- 관인상생을 이루면 조직 내에 높은 자리까지 오를 수 있는 것으로 조직
  소속형, 공무수행자로 보다 높은 국가고시를 추구한다. 행정고시, 외무
  고시, 임용고시 등으로 향하기도 하고, 변호사나 회계사, 노무사 등의 자
  격을 갖추고 근무하기도 한다. 관운을 만나면 시험에 합격, 승진 등 사회
  적 성취가 있다.

- 관인상생에 근이 있으면 큰 조직의 부속기관을 관리, 운영하는 지사장
  이 될 수 있고, 관인상생에 상관을 보면 국가자격증 소지의 전문분야, 인·
  허가분야와 인연이 있을 수 있다. 아울러 관인상생에 겁재까지 있으면
  조직의 총괄자, 결정권자가 된다.

- 관인상생을 이루지 못한데 근왕하면 비숙련된 자영업자이며, 관인상생
  은 아닌데 상관이 있으면 자격증을 기반으로 한 개인사업 형태의 사회생
  활이 어울린다.

- 정인이 태왕하면 연구직이나, 건물 관리인, 작가 등 정적인 형태의 소득
  활동이 어울린다.

- 정인이 재성에 의해서 크게 손상되면 공부에 뜻은 두나 학업을 이루기
  어렵고 미련만 남는다.

- 만약 관성의 생조를 받지 못한 인성이 재성을 만나면 탐재괴인이 되어 예상치 못한 어려움을 만난다.

- 정인은 소유권을 뜻하기 때문에 자기명의 가게를 하려면 반드시 정인을 가져야 한다. 재극인 되면 소유권을 대여, 일부 양도, 교환 등을 통해 소득 활동 하는 사람이 될 수 있다.

- 상관과 정관이 있어 견관 되면 노동조합처럼 기득권 조직이나 기존의 규칙에 맞서는 조직에 소속될 수 있다.

- 정관과 일간이 모두 왕하면 지역 본부장, 부속 조직, 계열사의 수장이 될 수 있다.

- 일간이 정관보다 왕하면 개인사업 및 프리랜서를 꿈꾸는 직장인으로 독립형, 자유형이다.

> - 직업역량 : 이해력, 지식, 자격증
> - 적합직업 : 교육, 학원, 육영, 문화, 예술, 언론, 출판, 번역, 행정, 특허, 문화 인류학, 언어학, 지적 재산권 활용 직업

3.4.4. 편인격(偏印格)

일간을 생하는 오행이 월지에 있고, 음양이 같은 글자를 말한다. 편인은 자기에게 적합한 정신 추구형으로 나에게 필요한 지혜를 익힌다. 특정 분야의 재능이 있으며, 상담 능력, 대처 능력, 임기응변이 좋다. 분석력이 좋고 의심을 잘하며 눈치가 빠르다. 문제를 찾아내는 통찰력으로 남들이 보

지 못하는 것을 찾아내어 단점을 보완시킨다. 문제 해결 능력이 뛰어나고, 한 가지 일에 몰두하는 편으로 학문적인 것에 강하다. 다만 시간이 흐를수록 나태해지는 단점도 있다.

편인격은 정인 이외의 지식분야에 기반을 갖는다. 조사, 기획, 감사, 설계, 감별 등의 특성을 가지며, 사회지도층에게 제일 많이 나타난다.

- 살인상생형이 되면 공적 업무를 수행하며, 정인과는 다르게 특수 직군에 적합하다. 대게 문제를 안고 있는 사람을 재활시켜주는 재활선생(사회부적응자를 재교육, 재수생, 사회직업 재교육 등)이 된다.
- 관인상생형이 되면 정관을 설하기 때문에, 사람을 홀려서 내가 원하는 방법으로 일을 만들어 간다. 소홀을 틈탄 탈선행위, 법의 테두리를 이용하는 것에 능하므로 정치인이 다수이다.
- 근왕한 일간의 편인격이 식신을 보면 시대의 흐름에 잘 맞춰 능력 발휘를 하는 지혜로운 사람이다.
- 근약한 일간의 편인격이 식신을 보면 준비를 소홀히 하여 문제를 야기시키게 된다.
- 편관의 생조를 받은 편인은 타인의 건강을 지키는 약사나 치료사가 된다.
- 편인이 상관을 보면 유행과 편법을 통해 타인을 기만하는 요령을 발달시켜 사람의 마음을 훔치는 감정의 절도범이 된다.
- 편인이 상관과 합하면 창작 예술가, 공연 예술가, 창작 기획자가 된다.
- 편인이 재성의 극을 받으면 이권 개입자, 경제 연구원, 뛰어난 전략가가

적합하다. 디자인, 설계, 조사, 기획, 프로그래머 등 경쟁력 제고를 필요로 하는 분야의 전문가가 되고, 학교 이외의 학원 강사와 컨설팅 분야에 종사한다. 군대로 가면 작전참모가 되고 삼국지의 제갈량처럼 모든 전략을 기획한다.

◉ 편인이 재성과 합하면 식상이라는 중간 과정을 생략하고 돈을 벌려는 욕심이 생기어 중개, 계약, 문서 유통 등의 브로커가 된다.

◉ 인비구조로 구성되면 개인의 창작력을 발휘한 지적재산권, 창작, 프리랜스, 작가 등이 많다.

◉ 편인이 태왕하면 장인정신을 가지고 한 분야를 평생 연구·개발할 수 있는데, 그 과정은 고독과 가난이 채운다. 60세가 넘어 최고의 수준에 다다르면 그때 가서 최고의 대접을 받을 수 있다.(인간문화재)

- 직업역량 : 예술성, 사고력, 자격증
- 적합직업 : 언론, 출판, 예술, 종교, 철학, 역학, 무용, 음악, 디자인, 부동산, 임대업, 여행사, 비주류 분야

3.4.5.식신격(食神格)

일간이 월지를 생하고, 음양이 같은 글자를 말한다. 식신은 일간을 설기시키는 기운이라 일간이 강함을 좋아한다.

식신은 재능 개발이 최우선이다. 창의력이 좋고, 언어능력이 좋으며, 탐구적이고 집중력이 좋다. 원만하며 융통성이 좋고 설득력도 풍부하여 말하

는 직업이 좋다.

식신은 기본적으로 어린이와 관련성을 많이 갖는다. 아이를 키우는 교육과 보육을 가장 많이 하며, 건강과 안전을 지키는 의료, 보건, 보안 등에 특기를 보인다.

식신은 예술 및 의식주와 관련되는 업무나 사업이면 소질이 있고 양호하니, 자영업을 할 경우 음식사업을 많이 한다.

- 식신격은 근이 있어야 쓸 수 있고 당당하며, 자기주도 사업을 하게 된다.
- 식신생재는 자기재능을 활용해 의식주를 해결하게 되어 먹고 사는데 문제는 없다. 식신생재에 재극인까지 되면 지적재산권(특허권 등)과 주택임대업자(건물주 등)가 될 수 있다.
- 정재를 보면 금융기관이나, 기업체의 경리부서가 적합하다. 기술과 관계되는 자영사업이나 봉급생활을 하면 좋다. 편재를 만나면 정재와 비슷하나 더 크고 활동적인 무역, 물류 등으로 활용한다.
- 식신이 편관을 제살하면 문제해결 능력이 뛰어나 생명을 구하는 구조하는 사람이나 사회에 공헌, 공로자, 공적 조직, 사회복지, 봉사활동에 인연이 있으며, 국가고시에도 많이 도전한다.
- 정관을 보면 대관 영업력이 발달하여 많은 사람을 만나는 일을 한다. 정관합을 하면 생산·납품의 판매대리점·자회사와 연관된 연대사업을 하게 된다.
- 편인을 보면 외부의 방해 요인으로 인해 한길 꾸준히 가기 어렵거나 도

움을 주면서 살아야 되는 길을 걷게 된다.

◉ 식신이 왕성한 가운데 인성을 쓰는 경우는 각종 연구 분야에 매진한다.

◉ 비견이 왕하면 팀이나 조직을 기반으로 하는 서비스 즉, 협회 같은 형태
로 일한다.

• 직업역량 : 기술력, 창의성, 봉사 정신
• 적합직업 : 교육, 서비스, 사회복지, 식품 영양, 아동 관련, 보육,
의약계, 제조업, 어문 계열, 연구, 문예 창작, 기술, 관광

3.4.6.상관격(傷官格)

일간이 월지를 생하고, 음양이 서로 다른 글자를 말한다. 상관은 인성이
제압할 때 상관패인으로 최고로 본다.

아이디어가 좋고 다재다능하며 자기자신을 잘 드러낸다. 사교적이고 언
어능력이 좋다. 비판적이고 개선욕구가 강하여 기존 질서에 대한 반항심이
크다. 영리함과 유창한 화술을 필요로 하는 모든 업무에 소질이 있다. 남의
지배를 싫어하는 까닭에 자영업을 갖는 경우가 많다.

상관은 직장에서는 항상 구설수에 노출되는데, 이는 생각 없이 말을 많
이 하기 때문이다. 문서위조나 유통기한 변조 등 뉴스를 장식하는 각종 경
제사범의 주역들이 상관이다. 단, 나라가 위기에 빠졌을 때 압박에 굴하지
않고 불의에 대항하는 정신 또한 상관이다.

◉ 상관이 재성을 만나면 사업가 쪽에 소질이 있고, 재성에 인성까지 조화를 이루면 고관(高官)의 격이다. 재성이 정재인 경우 사업가이며, 비겁이 있는 경우 이권개입, 중개업 등을 누린다.

◉ 신왕하고 상관이 강한데 제화되지 않으면 종교인이나 순수예술인이 적합하다.

◉ 정인이 상관을 제화하면 공적 업무 수행과 연관된다. 임용고시에 합격하여 정식 교사가 된다. 감각과 아이디어를 바탕으로 창의적인 상업에술분야의 전문가가 되고, 직장에서도 첨단분야의 기술분야에 업무를 맡는다. 정인에 비겁이 있으면 개인사업을 위한 특기를 활용하게 되고, 정인에 비겁이 없으면 공적기관에 근무하기 위한 특기를 활용한다.

◉ 정인이 제화하지 못하면 상관은 각종 불법에도 깊이 관련하여 도박업, 오락실, 짝퉁유통, 카드깡 등의 선구자가 된다.

◉ 상관이 정관을 극하면 일정한 직장에 오래 근무하지 못하고, 유행분야의 장사를 하거나 중개업 등에 종사한다.

◉ 상관이 편관과 합살되면 뛰어난 언변과 설득 능력으로 권력자나 기관에 줄을 대는 로비스트 또는 교역관을 한다.

◉ 상관격에 양인과 조화를 이루면 군인으로 크게 출세 한다.

> • 직업역량 : 표현력, 모방, 언변, 미적 감각
> • 적합직업 : 자영업, 예체능, 발명, 언론, 강사, 아나운서, 변호사, 유통, 벤처사업, 광고, 통역, 디자인, 문예 창작, 미용, 전문제조업, 특수기술

일간이 월지를 극하고, 음양이 서로 다른 글자를 말한다. 정재는 편재와 혼잡을 꺼리지 않는다.

정재격은 환경에 맞춘다는 가치관으로 성실하고 현실적이며, 계획적이다. 보수적 성향으로 단계별로 일을 추진한다. 안정적 재산을 중시하고 재물을 관리하는데 소질이 있으나, 정재가 천간에 투간되어 격이 강하면 너무 계산적인 탓에 구두쇠로 보이기도 한다. 총명하고 신의도 있으나 요령과 수단이 부족하다. 그래서 투기성 있는 사업에 소질이 없고, 정당한 댓가나 이윤을 받는 직업이 이롭다.

정재는 합리적 재물이니 금융, 회계, 세무 등 돈과 관련된 직업과 인연이 많고, 회사 내에서도 총무나 회계부서 등에 많이 근무한다.

◉ 재성이 왕하면 재화가 흐르는 유통회사, 무역회사에도 많이 다닌다. 자기 사업을 해도 가족 중심의 자영업을 하며 일정한 지역을 상대로 하는 소매업을 한다.
◉ 상관생재에 재생관까지 되면 내부살림을 윤택하게 하기 위한 조달자의 역할을 하므로 CEO 같은 경영자이다. 여기에 근까지 왕하면 상하관계의 무질서 경향이 있어, 이권개입, 부동산 시행, 개발자, 자산관리 등이 적합하다. 아울러, 상관생재에 재극인 구조이면 경영자 보다는 주인 느낌으로 임대업(시설, 창고 등)이 이롭다.
◉ 재성이 관성을 생하는 흐름이 강하면 환경에 맞춘다는 의미이므로, 상

사를 보좌하는 인간관계 중심의 직장생활을 한다.

◉ 인성과 합되면 계약서를 쓰는 분야에 많고, 재성이 인성을 심하게 극하면 업무권이 제한되어 계약직이나 시간제 근무를 한다.

◉ 인성 있는 쟁재 구조면 브랜드나 상표를 차용하는 업종이 어울리고, 인성 없는 쟁재라는 순수 자영업이 이롭다.

◉ 비겁이 많아서 재성을 극하면 해외 출장이나 지사로 나아가고, 개척적인 프로젝트를 맡는다. 비겁이 많을 경우 사업은 좋지 않다.

- 직업역량 : 치밀, 관리, 성실성
- 적합직업 : 회사원, 행정, 금융, 세무, 회계, 상업, 무역, 경제,
  생산업, 경리, 도소매업

3.4.8.편재격(偏財格)

일간이 월지를 극하고, 음양이 같은 글자를 말한다.

편재는 주관적이고 현실적이며 즉흥적이다. 식신의 반복되는 깊은 재능과는 다르게 얕은 재능이 많다. 투기성도 강하고 결단력이 있으며 대중적이며 사교적이다. 유흥을 좋아하며 오지랖이 넓다. 활동적이기에 돈 쓰는 것에 재미를 느낀다. 자기 돈보다는 남의 돈을 더 많이 활용할 줄 아는 재를 운용하며 이득도 챙기는 전형적인 사업가이다. 큰돈과 재화가 흐르는 금융, 부동산, 건설, 무역, 유통 등에 종사한다.

직장을 다녀도 큰 돈을 만지는 업무에 종사하고 자기 사업을 하려고 준비하며, 주식이나 투자 등의 부업을 하려고 한다. 한 달 일해서 일 년 먹고

살려는 게 편재의 기본 직업관이다. 한 번에 승부를 거니 망할 확률도 높아서 작년에는 외제차를 타고 다니다가 올해는 리어카를 끌고 다니기도 한다.

편재격은 근이 있어야 재물을 쟁취할 힘이 있으며, 근이 없으면 지구력이 약해 유행하는 물건을 팔고 마는 형국이다.

- 관성을 만나면 재정, 금융관련 공무원이 되어 기획재정부나 금융감독원 등에서 일한다.

- 식신을 보면 사업가이고, 식신편재에 비겁까지 있으면 경영인이며, 식신편재에 재극인 구조이면 임대업자이다. 그리고 식신편재에 재생관으로 흐르면 회사를 크게 키울 능력자이며, 식신편재에 재생살로 흐르면 힘과 영향력 있는 사람이 주변에 많아 영업직에 적합하다.

- 인성을 만나면 큰 단위의 무역거래, 공사계약 등에 관여하고 주식 등에 투자하는 성향을 보인다.

- 비겁을 만나면 여럿이 모여 큰 프로젝트를 하여 나눠 먹고, 장사를 하는 경우 소매업보다는 도매, 유통, 프로젝트성 사업을 하며, 소매업을 해도 넓은 영역을 상대하는 배달을 위주로 한다.

- 관성을 보면 회사나 공공기관을 찾아가서 하청이나 납품권을 따낸다.

- 상관을 만나면 사업성이 극대화되는데 편법을 통한 한탕주의가 되어 불법을 저지르기도 한다.

- 신약하고 편재가 왕하면 신강해지는 조건의 사업이 아닌 한 실패하게 된다.

- 겁재가 쟁재하면 보험, 금융, 영업직, 펀드매니저 같은 금융업계가 어울리며, 비견이 쟁재하면 팀 단위로 움직이는 업무영역이 어울린다.

- 직업역량 : 목표 추구, 판단력, 융통성
- 적합직업 : 사업가, 무역, 금융, 증권, 부동산, 경영, 건축, 전당포, 물류, 여행사, 판매업, 영업직, 유흥업, 도박

<변격(變格)과 겸격(兼格)이 되는 경우>

- 주로 묘지(墓地)월생의 경우에 나타나는 현상이다.
① 투간한 본기가 없는 대신 여기나 중기의 지장간에 해당하는 십간이 투간하면, 이들이 본기의 지장간을 대신하여 격용을 이루게 되니 이 때를 변격이라 한다.
② 월령이 타 지지와 회국하여 오행이 변할 때도, 합화한 오행으로 변격이 된다.
③ ①과 ②가 함께 성립되면 변격과 겸격이 이루어진다. 단, 우선순위는 월령 지장간에서 투간한 본기가 최우선이며, 나머지는 본격에 부속되는 겸격의 지위를 갖는다.
④ 변격이나 겸격은 원국 내에서 뿐만 아니라 운에 의해서도 변한다. 변격이 되면 이에 상승하여 상신도 바뀌며, 바뀐 상신에 호응하는 운의 유불리도 바뀌고, 이에 따른 일간의 희기운도 달라진다.
⑤ 辰戌丑未의 지장간은 모두 세 개씩 들어 있고, 이들이 월령에서 투간하면 모두 격용의 자격이 있다. 심지어 투간한 지장간과 음양이 달라도 자격이 주어진다. 이는 진술축미가 다른 오행들 사이를 융화시키는 잡기로서, 중화의 성정을 띄어 음양자체보다 오행의 기세에 영향을 더 크게 받기 때문이다.

3.5.격의 성패

격의 성패는 격의 희신이라고 하는 상신과 구신을 갖추고 각각의 격마다

일간이 근약해야 하는지 근왕해야 하는지의 조건을 맞추면 성격이 된다. 아래 도식을 참고하면 이해하기 쉽다. 길격(吉格)이든 흉격(凶格)이든 아래 세 가지 조건을 만족해야 성격이 된다.

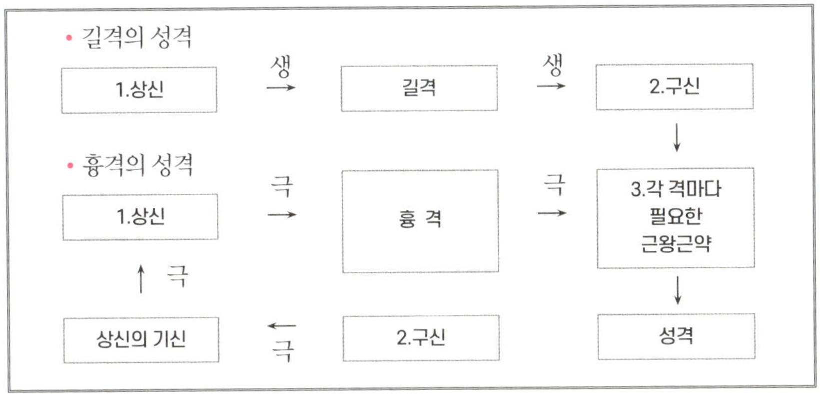

앞서 성격과 파격에 대해 이미 언급했듯이, 성격이 좋고 성공하는 삶이고 파격은 나쁘고 실패하는 삶이라는 것은 아니다.

격과 육신은 분리해서 판단하여야 한다. 격은 세상을 다스리는 정관의 관점으로 길흉을 나눈 것이다. 즉, 사회의 안녕과 질서에 순응한다고 판단되는 격은 길격이라 하였고 그 반대의 경우 흉격이라 하였다.

그래서 길격은 상신이 격을 생하여 격에 힘을 실어주고 구신으로 격을 설화하여 격의 에너지를 잘 풀어쓰게 하는 생과 생의 흐름으로 성격이 되니 길격을 다른 말로 순용격이라고도 한다.

반면 흉격은 격이 제어되어야 제도권이라는 정관의 시스템 속에 들어오는 것이 허락되니 흉격의 상신은 격을 극하는 육신이 된다. 그리고 흉격의 구신은 상신을 제어하는 상신의 기신을 견제하는 육신이 된다. 그러니 흉격은 첫째도 상신 둘째도 상신 셋째도 상신이 잘 작동해야 성격이 된다는 이치이다.

그런데 성격이 된다는 것은 개인이라는 나 자신을 위해 사는 것이 아니라, 공인으로서 또는 지역사회에 도움이 되는 사람으로 살아가게 되는 것이다.

그러므로 파격이 되면 철저히 개인으로서의 삶을 살 수 있게 된다. 현재의 대한민국 사회에서는 개인의 개성을 존중하는 문화가 대세고 사유재산이 인정되며 개성을 표출하는 통로가 많은 실정이다. 따라서 성격의 삶보다 파격의 삶을 좀 더 선호하는 추세다.

<10정격의 희기>

순역 구분	격	희 신		기 신	
		상신	구신	격기신(길격) / 구신기신 (흉격)	상신기신
순용격 (길격)	식신격	비견	편재	편인	편관
	정인격	정관	겁재	정재	상관
	편인격	편관	비견	편재	식신
	정재격	상관	정관	겁재	정인
	편재격	식신	편관	비견	편인
	정관격	정재	정인	상관	겁재
역용격 (흉격)	상관격	정인	겁재	정관	정재
	편관격	식신	편재	비견	편인
	건록격	정관	정인	정재	상관
	양인격	편관	편인	편재	식신

※흉격의 쉽지 않은 성격

- 성격이란 공적인 인물 공인으로서의 삶을 사는 것이다.
- 건록 양인을 포함한 흉격은 성격 조건을 갖춰도 현시대에는
  공적인 인물이 되기보다 사적으로 본인의 실속을 챙기고자 한다.
- 따라서 흉격 명들은 천간에 재성이나 비겁이 뜨면 식상 생재의
  필시 사업 구도로 가고자 한다.

3.5.1. 길격 상신

길격의 상신은 격을 생해 주는 역할을 하는 육신을 상신으로 삼는다. 격의 부족한 부분을 채우고 보강하는 것이다. 이때 상신이 천간에 있다면 본인 스스로가 직업적 소양을 갖추고 역량을 키우는 데에 의지가 강한 것으로 나타난다. 내가 나를 잘 가꾸고 만들고자 하는 의지이다. 만약 상신이 지지에 있다면 환경의 혜택으로 발현되는데, 직업적 소양을 갖추고 역량을 키우는 데에 원조와 후원이 따르는 현상으로 나타난다. 이렇게 받은 것이 있으면 후원을 해준 사람에게 빚을 지게 되므로, 그것에 대한 책임으로부터 자유롭기가 힘들다.

반면 상신이 없으면 직업적 소양을 갖추고 역량을 키우는 데에 도움을 얻지 못하여 자수성가해야 하는 사람이다. 또한 후원받은 것이 없으니 그것에 대한 책임감도 없다.

3.5.2.길격 상신기신

길격에 상신의 기신이 있다는 것은 일간을 자극하는 경쟁자가 있다는 것이다. 이는 항상 상대적 우위를 점해야 하는 환경을 만날 수 있고 경쟁이 치열하고 급박하고 어려운 환경에 놓일 수 있다는 것이다. 따라서 항상 주변을 신경쓰고 경계하고 견제하여 상대적 가치를 높여야 한다.

그러나 상신의 기신이 없다면 주변을 신경 쓸 필요 없이 본인만의 자질과 역량을 알아서 발전시켜야 한다. 자신만의 절대적 가치를 높여야 하므로 자기 자신과의 싸움에서 항상 이겨야 하는 것이다. 상대적 가치를 높이는 것보다 이것이 더 힘들 수 있다.

3.5.3.길격 구신

상신이 직업적 역량을 키우는 의지라면 구신은 사회적 위치를 키우는 의지다. 천간으로 구신이 있다면 사회적 위치를 높이기 위해 노력하고자 하고, 직업 활동으로 인한 결과물을 만들고자 하는 것이다.

구신이 지지에 있다면 실질적으로 사회활동에 참여하는 것이다. 직업을 갖고 경제활동을 하는 것을 말하며, 이를 통해 실질적인 결과물을 내어놓는 것이다. 그것으로 인해 지위를 높이고 경력과 이력을 쌓아 나가는 것이다. 그리고 그로 인해 신분이 생기고 인정받을 수 있다. 노력 대비 성과가 좀 더 나올 수 있으며, 이 때문에 주변에 시기와 질투를 받을 수도 있다.

3.5.4.길격 격기신

격기신은 격을 검증하는 것이다. 이때 격의 구신이 있어 격을 구하면 이 검증의 절차를 통과하는 것과 같으니, 이후 더욱 격이 커지는 효과를 볼 수 있는 것과 같다. 대게 지위와 신분이 상승하는 효과를 보게 된다.

3.5.5.흉격 상신

양인, 건록, 편관, 상관격 이상 4가지 흉격은 기존의 질서를 벗어나 사사로이 개인의 이익을 위하는 것이 우선인 격이다. 이는 정관(국가, 사회)의 입장에서 탐탁지 않기에 흉격이라 한다. 그래서 흉격의 상신이 천간에 있으면 기존의 사회질서에 순응하겠다는 의지가 있는 것으로 보고, 상신이 지지에 있으면 기존 사회질서와 함께할 수 있는 자격을 부여받는 것으로 본다.

3.5.6.흉격 상신기신

흉격에 상신의 기신은 흉격이 격의 교화를 통해 얻은 자격에 대한 검증을 하는 것이다. 이때 격의 구신이 있어 상신을 구하면 이 검증의 절차를 통과하는 것과 같으니, 이후 경쟁력을 확보하는 효과를 볼 수 있는 것과 같다. 길격의 격기신이 있고 구신이 있을 때처럼 대게 지위와 신분이 상승하는 효과를 보게 된다.

3.5.7.흉격 구신

흉격은 애초에 기존의 사회질서에 순응하기보다 자신만의 방식으로 살아가고자 하니, 그것을 바로잡아 기존 질서에 편입될 수 있게 해주는 상신을 매우 중요하게 여긴다. 길격은 상신이 없어도 이도 하지 않으면 파격이 잘 안 되는데, 흉격은 상신이 없으면 무조건 파격이다. 따라서 흉격의 구신은 상신을 보호하는 역할을 한다. 상신의 기신으로부터 상신을 구하는 것이다. 흉격에 구신이 있으면 재능 및 실력이 있거나 자신의 기반, 동조 세력, 노력이 인정받는 효과가 있다고 본다.

3.5.8.흉격 구신기신

흉격에 구신의 기신은 구신으로 확보한 실력, 재능, 경쟁력, 세력들을 바탕으로 더 큰 경쟁을 통하여 사회적 지위를 높이는 행위이다.

3.6.격의 이도(異道)

앞서 설명한 격이 성격되기 위한 세 가지 조건을 갖추지 못하면 파격이 될 수 있으며, 이때 각 격마다 특정한 조건을 충족하면 격이 추구하는 정반대의 방향으로 사회생활을 하게 된다. 이러한 현상을 "다른 길로 걸어간다." 고 하여 이도(異道)라 부른다.

<10정격의 성격 및 이도 조건>

격	성격의 삶	이도의 삶	이도의 현상
① 양인격	재생살용	비겁왕(천간 비겁)	사설(사익 추구)
② 건록격	재생관왕	비겁왕(천간 비겁)	사설(사익 추구)
③ 편재격	근왕+식신생재	인왕	남의 일/사설
④ 정재격	인왕(정인으로)+재생관	근왕+상관생재	사설(사익 추구)
⑤ 정관격	인왕(정인으로)+재생관	근왕+상관생재	사설(사익 추구)
⑥ 편관격	근왕+식신제살	무근or편인왕	위기모면
⑦ 식신격	근왕+식신생재	무근	남의 일/사설
⑧ 상관격	인왕(정인으로)+겁재	근왕+상관생재	사설(사익 추구)
⑨ 정인격	겁재+관인상생	근왕+상관생재	사설(사익 추구)
⑩ 편인격	근왕+살인상생	식신	사설(사익 추구)

3.6.1 길격의 이도(異道)

● 길격은 애초에 기존 사회질서와 시스템을 벗어날 의도가 없는 사람들이다.

● 따라서 국가와 조직에 잘 순응하며 살아가고자 하며, 상신이 없어도 흉격처럼 철저히 개인을 위해 살기보다 언제든 성격되고자 하는 의지가 있다.

● 그래서 길격은 성격이 되지 않아도 흉격의 파격처럼 살지 않는다.

● 다만 특정 조건을 만족하여 이도를 하게 되면 흉격의 파격처럼 사사로이 개인의 이득을 위해 좀 더 집중하여 살아가게 된다.

1) 정인격의 이도

- 정인격이 근왕하면 상관 생 정재로 간다.
- 정인격의 격기신은 정재, 상신의 기신은 상관인데 이것으로 출세하는 사람이다.
- 즉, 기신만 가지고 성공하는 사람이다.

2) 정관격의 이도

- 근왕하면 상관견관하게 되어 정인으로 말을 듣지 않는다.
- 따라서 근왕하면 상관생재로 가야한다.
- 이때 겁재와 정재로 편법을 쓴다.
- 즉, 네가 죽어야 내가 산다는 것이 이도의 법이다.

3) 편인격의 이도

- 편인도 왕하면 편재로 극제를 받아 식신을 살려야 하니 활인공덕하여 공적인 인물이 될지 개인적인 이익을 위해 살아야 할지를 고민하게 된다.
- 편인격은 살인상생으로 자기의 괴로운 심정을 승화시켜 괴로운 자들을 도와주는 것이다.
- 그런데 편인이 왕하고 식신이 있으면 식신을 살리는 것이 더 급급하다.
- 즉, 내가 먹고사는 것이 우선이라 남을 도와주기가 어렵다.
- 이것을 이도로 판단하자는 파가 많이 생겼다.
- 그러나 식신이 없다면 활인공덕하는 사람이다.

4) 정재격의 이도

◉ 정재격이 근왕하면 상관을 쓴다.

◉ 상관이 정인의 통제를 받아야 하는데, 안 받는 상관생재가 된다.

◉ 상관이 올 때 재성을 갖고 있지 않다면 불법이 드러난다.

◉ 누구든지 정재가 있는 한 상관의 의중을 숨길 수 있다

◉ 정인이 있어 상관패인으로 장사를 하면 정찰제 장사밖에 못한다.

◉ 정재로 장사하면 흥정하여 정상가의 절반에도 주고 세배로도 받을 수 있다

◉ 근왕한 상관이 정재를 갖추지 못하면 다이아몬드에 흠이 생긴 격이다(잘
   안 팔리거나 값을 시세보다 싸게 쳐줘야 팔린다)

◉ 상관이 있고 정재가 있으면 요령을 많이 부리니 믿음이 가지 않는다

◉ 정재격에 원래 취지의 상관 생 정재는 일간이 근약하고 인성으로 왕하여
   상관생재로 안전자산권이나 지적재산권을 가진 상관생재이다

◉ 근왕한 정재격의 상관생재는 지적재산권이나 자산권, 저작권으로 출발
   하는 것이 아니라 로드샵으로 출발하고 개척정신이 있는 상관생재이다

5) 식신격의 이도

◉ 식신격, 편인격은 근약하면 살인상생, 살중신경이 된다.

◉ 식신격은 본신 근왕으로 자기능력으로 살아야 되는데, 근약하면 남의 능
   력으로 살아야 한다.

◉ 편인격이 근약하면 비겁이 있어야 어려운 일을 내 대신 비겁이 해준다.

6) 편재격의 이도

◉ 편재격은 근약해도 근왕해도 식신생재이다.

◉ 근왕하면 경영을 내가 주도하고 근약하면 여자가 주도한다.

◉ 근약하고 재가 있으면 주도권을 여자에게 뺏기고, 근왕하고 재가 있으면 여자를 무시한다.

3.6.2 흉격의 이도(異道)

◉ 양인, 건록, 편관, 상관격 이상 네가지의 격은 사사로이 개인의 이익을 위하는 것이 우선인 격이라 관(국가, 사회)의 입장에서 탐탁지 않기에 흉격이라 한다.

◉ 따라서 관의 입장에서 흉격의 제화가 최우선이라 흉격은 격을 극하는 육신이 상신이 되고, 일단 힘있는 상신을 갖춰야 성격되어 관(국가, 사회)에 이바지하는 삶을 살게 된다.

◉ 반대로 상신이 없으면 파격이라 하고 이는 제화되지 못하여 국가와 사회를 위해 일하는 것이 아니라 개인적인 이득을 위해 살아가게 됨을 말한다.

◉ 그래서 철저히 개인적인 이득을 취하기 위해 격을 생하고, 또 보호하기 위해 격을 극하는 상신을 극하면 이도한다.

1) 상관격의 이도

◉ 정재가 천간에 뜨면 이도한다. [재극인 하여 상관생재 : 돈내면 치료해 주는]

- 상신 겁재 : 물질적인 가치를 중요시 여기는 마음에서 자신의 가치를 만들어 간다. (반대로 정도의 상신인 정인이 있으면 구휼을 중요시 여긴다.)
- 구신 정재 : 신분을 만들어 나간다. 이때 신분은 민간의 신분(사장, 회장)
- 기신 정관 : 겁재상관으로 정관을 제하여 가격상승을 이루어 새로운 체계, 새로운 단체, 새로운 기관, 새로운 시스템을 구축한다. 즉, 정관이라는 기존의 기관이 아닌 새로운 기관을 만든다(예 : 사단법인, 재단법인, 의료법인, 종교법인 등).
- 기신 정인 : 상관생정재로 정인을 제하면 신분상승을 이룬다. 기존의 고정관념을 탈피한 새로운 신분이 만들어 진다.
- 성격에서는 정재한테 인성이 극을 맞으면 신분이 낮아지는 것이지만 이는 나라가 허가 내어주는 것이 아니라 개인이 개인에게 허가를 내어주는 것을 말한다. 즉 권리를 가지고 있는 민간의 개인이 허가를 내어주는 것이다(대기업 간판을 단 자영업 가게, 프렌차이즈 인가 등).

2) 편관격의 이도

- 기신투간 : 갑목일간이 임신월이면 편인이 두드러지게 나타나게 되는데 식신을 쓰지 못하게 되어 이도가 된다.
- 편관격에 살인, 상신인 병화식신을 못쓴다. (도식)
- 근약해서 내 스스로 식신을 부리지 못하는 경우
- 상관 합살, 겁재합살은 생활방식(인간관계 방식)이지 이도의 조건은 아니다.

3) 양인격의 이도

- 일단 천간에 비겁이 있어야 한다.
- 그 다음 편관이 없어 파격이 된 후 편인이 식신을 제하지 못하고 천간에 뜨면 이도한다. (나라에서 제공하는 온갖 서비스를 받고 산다.)
- 그리고 편재가 있어 식신생편재가 되면 이도 공명이 된다. (군수물자 납품, 무기거래상 조선업 등 나라를 상대로 비즈니스 하는 사람이며 겉으로 드러나지 않는 거부가 될 수 있다.)
- 따라서 양인격은 식신격 처럼 취급한다.

4) 건록격의 이도

- 일단 천간에 비겁이 있어야 한다.
- 그 다음 정관이 없어 파격이 된 후 정인이 상관을 제하지 못하고 천간에 뜨면 이도한다. (나라에서 제공하는 온갖 서비스를 받고 산다.)
- 그리고 정재가 있어 상관생정재가 되면 이도 공명이 된다(국제적 교류를 통한 이권개입).
- 따라서 건록격은 상관격처럼 취급한다.

4

조후에 따른 병약(病藥)

바람이 – 풀다

추워지고 바람이 불면
낙엽은 떨어지고
돌다, 돌다, 빙빙 돌다
결국 제자리에 모여든다.

에고나, 자리는 하나인데
도둑 들면 큰일일세

장독 뚜껑 꽁꽁
깜장고무줄로 여미고,
밑구녕에
이름 석 자 새겨 놓습니다.

辛壬知

4장
조후에 따른 병약(病藥)

4.1. 子丑월령 병약(病藥)

금한수냉 / 수다목부 / 돈후 / 염상

4.1.1. 子丑월령의 특징

◉ 자축월령은 우선 자신의 자질에 맞게 교육받고 자신만의 기초 체계를 확립하여야 한다.

◉ 그렇게 성장한 다음 그것을 발휘하며 살아가는 환경이다.

◉ 당령은 癸水이며 기본 당령 상생은 辛癸甲이다.

(1) 辛癸

◉ 예로부터 전승되어 내려오는 지식과 학식 또는 대를 이어 내려오는 지혜다.

◉ 주로 가정이나 학교 등 환경에서 배움이 있으며, 깊이 있는 지식을 학습 및 습득하는 과정을 의미한다.

(2) 癸甲

◉ 학습 및 습득한 지식을 잘 풀어내어 활용할 수 있는 개인 능력이 된다.

4.1.2. 子丑월령의 병

◉ 자축월령의 병은 수가 얼어붙거나, 목이 썩어서 발생한다. 이는 자기 내면의 감정 컨트롤을 하지 못하고, 자신만의 자질을 개발하고 실현해 나가지 못하는 상황을 말한다.

◉ 이를 해결하기 위해서는 얼어붙은 것을 녹이고 흐르게 해야 한다.

◉ 그 과정에서 기토로 자기 성찰을 하고, 병화로 좋은 마음을 내거나 상대를 이해하여 해결해야 한다.

◉ 다음으로 자축월령에 태어난 사람에게 생길 수 있는 병증에 대해 좀 더 자세히 알아보자.

금한수냉(金寒水冷) : 辛金이 많아 사주가 냉(冷)해진 경우

◉ 이 시절에는 금생수가 조금만 많아도 금한수냉이 된다.

◉ 금이 많지 않더라도 경신금을 불문하고 금이 두 개 이상 있으면 금한수냉이다.

◉ 이렇게 금이 많은 가운데 이것을 해결할 용신이 없을 경우, 문제가 드러날 수 있다.

◉ 금한수냉 되면 명주(命主)는 제대로 된 교육을 받지 못한 모진 부모를 만나거나 열악한 환경을 만난다.

- 그것으로 인해 정서가 우울하고 신경이 예민하고 시간이 흐르면서 내면에 짜증이나 분노가 쌓이게 된다.
- 그래서 가족 및 가까운 지인들과의 관계부터 원활하지 않다. 성장하여 사회생활을 하면 모든 사람과의 관계가 원활하지 않을 수 있다.
- 그래서 금한수냉은 본인 정서의 문제이고 감정적 문제다.
- 그 때문에 내가 원하는 것만 하고 싶어 하는 등, 사회활동에 대한 성취가 미진한 것으로 나타날 수 있다.
- 대체적으로 과거 지향적이고 앞으로 나아가길 두려워한다.
- 본인의 감정과 뜻은 존중받길 원하면서 상대를 생각하는 이타적인 마음은 부족하여 대인관계 부적응 문제가 일어날 수 있다.

해결① : 己土 – 감정 절제

- 기토로 계수를 보온하는 것이다.
- 스스로 감정을 절제하여 감정을 잘 다스리는 것을 의미한다. 마음 수행을 한 것이다.
- 금한수냉이 되지 않는 가운데 기토가 있으면 병에 대한 약으로서의 역할을 수행하지 않는다(애초에 병이 없기 때문에).
- 이런 경우 기토가 있다 하더라도 스스로를 성찰하고 발전시키는 삶을 살지 않는다. 애초에 삶이 춥고 어둡지 않았기 때문이다.
- 금이 있어 금생수가 되어야 겨울에 추운 것이다. 겨울은 실제로 추워야 한다. 그래야 생존하기 위해 움직이기 때문이다. 그러한 춥고 어두운 환

경 아래서 기토가 있다면, 子丑월 생은 자기를 성찰하고 다시 일어나야 발전이 있다.

● 자축월령에 태어나 금생수가 잘되어 있고, 병(病)이 없다면, 좋은 부모를 만난 것이고 좋은 인자를 물려받은 것이다.

● 이 시기의 금생수는 감성이다. 이것은 부모로 인해 생긴 감성이다. 부모와의 관계에서 주로 만들어진 감수성이다.

● 금한수냉이 되었다는 것은 부모가 내게 나쁜 감정을 심어 주었다는 말이다.

● 그렇지 않다면, 부모의 영향이 아니더라도 자신이 그렇게 생각하고 받아들였을 가능성이 높다.

해결② : 丙火 - 긍정적 마음가짐

● 조후용신으로 병화가 필요하다. 긍정적인 마음으로 과거에 연연하지 않고 밝은 미래를 추구하는 마음이다.

● 병화는 자축월령의 어려운 환경을 극복하고 더 나은 환경으로 나아가고자 하는 마음이며 기회와 같다. 이후 유리한 환경을 만날 수 있다.

● 물을 흐르게 하고 얼음을 녹이는 것이다. 즉 계수를 흐르게 하고 신(辛)금을 녹이는 것이다.

● 금한수냉이 병화로 해결되면 부모에게 향한 악감정이 풀린다. 자기 감수성이 원활하게 쓰이기 시작한다. 여기에는 병화가 필요하다.

● 금한수냉의 영향으로 억눌리고 비틀린 감정을 잘 풀어내고 부모에 대한 정이 생긴다.

- 이러한 효과로 타인을 잘 이해하고 본인의 감정 조절을 잘하여 대인관계가 원활해지는 것이다. 지속성을 띨 수 있게 된다.
- 이렇게 금한수냉의 병(病)을 병화와 기토로 해결하여 풀어진 명은 고운 심성을 가졌다 라고 표현할 수 있다.

해결③ : 戊土 – 깊은 인내심

- 무토로 해결한다는 것은 추운 한풍(寒風)을 무토라는 맷집으로 맞으면서 버티는 것이다.
- 따뜻한 봄이 오기까지 꿋꿋하게 스스로 버텨내는 것과 같다. 인내하여 기다리는 것이다.
- 자축월령에 병화가 없는데 무토만 있으면 열악한 환경에 처해 있는데, 나은 환경으로 인도해 줄 사람이 없으므로 자신이 스스로를 돌봐야 한다.
- 계속해서 때가 오기를 기다리는 것이다.

해결④ : 寅木 – 도움의 손길

- 살아갈 환경이 만들어지는 것이다. 능력을 만들어준 게 아닌, 주변에 나를 떠먹여 살려줄 사람이 있다는 것이다.
- 나를 책임져 줄 사람이 있다는 것이다.
- 도움을 직접적으로 받는 인복이 있고 환경의 덕이 있는 것으로 본다.

● 계수가 많아 목의 뿌리가 썩은 것에 비유한다. 잡생각이 많아지는 것이다.

● 수많은 생각으로 인해 현실을 잘 살아가는 것에 방해가 되는 것이다.

● 계갑은 배움과 교육인데, 계수가 많아 갑목의 뿌리가 썩는다는 말은 자기의 생각이 너무 잡다해서 학습에 집중하지 못한 것이기도 하다.

● 이 또한 기토가 계수를 토극수 해주면 해결이 될 수 있다.

● 그리고 계수는 정신적 가치, 지식, 인품, 상식, 감성을 뜻한다. 그러므로 계수가 있으면 감성, 창의력으로 발전할 잠재력을 지닌 것과 같다.

● 그런데, 계수가 과하여 문제가 발생하면, 감성이 아닌 감정의 문제로 발전한다.

● 그래서 계수가 지나쳐 계갑에 문제가 생기면, 부정적으로 사고하는 방식을 지니게 된다. 삐딱한 사고방식이다.

해결① : 己土 - 자질 찾기

● 본인의 자질을 잘 파악하여 발전시키는 행위로 해결하는 것이다.

● 토극수하여 '내 자질에 맞는' 공부를 찾아야 한다.

● 수다목부(水多木腐)에서 수가 많다는 것은 토가 없다는 말과 같다.

● 기토가 없어 수다목부가 되면 자기 자질을 찾지 못한 것이다.

● 기토가 있으면 자기 전공, 특기를 찾아내려 노력한 것이다.

● 자기에게 맞는 일, 자신이 해야 할 일을 스스로 찾아야 한다.

해결② : 丙火 - 좋은 처세로 얻는 인복

- 갑이 병화를 봐 힘이 생기면 힘든 상황과 환경을 극복하고 방황을 극복하고 좋은 선생을 만나 인도를 잘 받는다. 인복이 있는 것이다.
- 직업적, 사회적으로 인도받는 것에 해당한다. 후천적 복덕이며 인덕과 같다. 자축월령을 살아갈 수 있는 능력, 기술, 지식을 전수받는 것과 같다. 선생님을 만난 것이다.
- 대인관계를 좋게 유지하므로 타인에 의해 인도(引導)받는 경우가 생길 수 있다.
- 갑병되어 인도받는 다는 뜻은 추천 받거나 발탁되는 뜻이 있다.
- 그러나 자칫 거만해 질 수 있는 단점이 존재한다.

해결③ : 庚金과 丙火 - 강한 정신력

- 앞서 말했듯 계수가 많아 발생하는 문제는 정신적 문제이다.
- 그래서 경금으로 금생수 하여 생각과 정신에 해당하는 수(水)가 마음 속에 고여있지 않게 흘려보내 해결해야 한다. 정신을 맑게 하여 문제를 해결하는 것이다.
- 그런데 경금으로 이를 해결하려 하면 금한수냉(金寒水冷)이 심화되므로 반드시 병화가 함께 있어 주어야 한다.
- 지지(地支) 신유술의 금생수로는 해결이 되지 않는다(정신적 문제기 때문이므로).
- 천간 계수의 문제는 정신적이고 사고의 문제이므로 경금이 천간에 있어

야 한다.

- 지지에 금의 작용은 오히려 녹슨 물이 되는 것과 같고 뿌리가 썩는 것과 같은 비유를 할 수 있다.

- 지지에서 발생한 금생수는 실제 환경의 문제이므로 자신의 정신적 문제로부터 기반한 것은 아니다.

- 가정 및 가까운 지인, 주변 환경에서 문제가 발생한 것이고, 그것이 곧 정신적 문제까지 이어지게 됨을 말한다.

- 이 문제는 당사자가 경제활동을 할 때 사회생활 부적응 문제로 나타날 수 있다. (단, 巳酉丑 三合으로부터의 金生水는 문제가 되는 것이 아니다.)

돈후(敦厚) : 戊土가 두터운 경우

- 자축월령에 무토가 있어서 가장 큰 폐해는 무토가 계수를 막아 수생목이 원활하지 못하도록 하는 것이다.

- 천간 戊戊병존 또는 戊戌, 戊辰간지가 있다면 첩첩산중에 있는 것에 비유할 수 있다.

- 무토가 천간에 있으면 계수가 땅 위로 흐르지 못하고 땅 아래로 침하 된다.

- 그와 동시에 병화가 있으면 무토는 병화를 가리게 되는데, 이렇게 되면 자신의 개성과 의지, 능력을 드러내지 못하게 된다.

- 그래서 사람들과 원만히 어울리기 어렵고 최종적으로 자신의 재능이 빛을 보지 못하게 될 수 있다.

◉ 이는 만년 2인자가 되거나 재능개발을 하지 않아 막노동으로 살아갈 수 있다.

해결① : 庚金 – 기술을 익힘

◉ 이때 경금이 있으면 기술 능력이 있기 때문에 그것으로 사회성을 보완할 수 있다.

◉ 기술형 인재가 되는 것이며, 그 기술로 사회생활을 하게 된다.

염상(炎上) : 丙火가 많을 경우

◉ 자축월령에 병화가 천간에 두 개 있거나 지지에 巳午未가 있으면 염상이 된다. 지지 인오술은 아니다.

◉ 아직 추워야 할 때임에도 불구하고 기후가 온난해져 꽃이 핀다. 열매는 맺지 않은 채로 꽃만 핀 격이다.

◉ 엔터테인먼트 산업, 여가산업에 연예계, 트랜디한 산업에 종사한다.

◉ 자칫 한량이 될 우려가 있다.

4.2.寅卯월령 병약(病藥)

목다수축 / 화다수갈 / 돈후

4.2.1.寅卯월령의 특징

◉ 인묘월령은 癸甲丙을 갖춰, 나에게 적합한 것을 배우고 익히고 준비한 다음 그것을 잘 활용하며 살아가는 환경이다.

(1)癸甲

◉ 학습 및 지식 습득을 의미한다.

◉ 배우고 익혀 실력을 갖추는 것으로, 인묘월령에서는 癸甲이 곧 환경에서 쓰일 수 있는 실력이다.

(2)甲丙

◉ 癸甲으로 쌓은 실력의 활용을 의미한다.

◉ 자기를 드러내는 것이며, 자신의 실력을 드러내어 활용한다는 의미에서, 내가 인정받을 수 있는 환경으로 나아간다는 의미를 담고 있다.

2.2.寅卯월령의 병

◉ 이 환경에서는 활용보다는 지식을 교육받는, 실력을 쌓는 과정이 중요해지므로 계수와 갑목의 문제가 생기면 병이 생긴다.

◉ 우선 인묘월령은 목이 태과할 수 있는 환경이므로 많은 목에 비해 상대적으로 작은 수가 목을 다 감당할 수 없는 현상이 우려되는 시기이다.

◉ 그리고 화가 많으면 많은 목으로 인해 화의 기세가 매우 치열해져 결국 수가 마르는 현상이 우려되는 시기이다.

목다수축(木多水縮) : 金生水가 되지 않고 木이 많은 경우

◉ 목이 많지 않아도 금생수가 되지 않으면 목다수축될 수 있다.

◉ 목이 많고 금생수가 되지 않아 수가 줄어든 것이다. 인묘월령은 계갑 중심 환경으로 움직이는데, 수의 문제가 생겨 계갑이라는 학습에 문제가 발생한 것이다.

◉ 가면 갈수록 수생목(水生木)이 되지 않으니 학습의 효과가 미약하다. 긴 학습 기간에 비해 배운 것이 미진하다.

◉ 등교를 하긴 했는데 공부를 열심히 한 것은 아니다. 공부하러 가긴 갔는데 수업을 못 따라갔거나 수업 시간에 집중을 안 한 것이다.

◉ 만약, 학구열이 있는 사람이었다면 광범위하고 너무 여러 가지 것들을 추구하다 보니 깊이가 생기지 못한 것일 수 있다.

◉ 또는 실제 현실에서 실효성 있는 것 위주로 배운 것이 아니라 별로 필요 없는 것을 배운 것이다.

◉ 경제활동 및 생존에 도움 되는 것을 배우지 않은 것이다. 그래서 총체적으로 학습 효과가 미약하다고 한다.

◉ 결과적으로 배운 것들을 잘 살리지 못한다.

해결① : 금생수(金生水) – 필요한 것을 학습함

● 금이 있어 금생수가 되면 학습이 잘 되는 것으로 판단한다. 잡다하게 배운 것이 아니라 적절한 선택과 집중으로 필요한 것을 배우는 것이다.

● 또는 특정 한 분야에 집중하여 해당 분야의 깊이를 만든 것이고, 그것으로 성과를 낸 것이다.

● 辛金으로 하면 학문적 공부를 한 것이고, 庚金으로 하면 의식주 관련 실용·기술 영역을 공부한 것이다.

화다수갈(火多水渴) : 金生 水가 되지 않아 水가 고갈된 경우

● 화가 많아서 금생수의 문제가 발생한 것이다.

● 인묘월령에서 병화의 의미는 사회활동 참여를 의미한다.

● 앞의 목다수축이 계갑의 문제였다면, 여기서는 갑병의 문제가 생긴 것이다.

● 갑병은 인묘월령자의 사회 진출의 의지이자 사회적 지위를 성취하려는 의지이다.

● 또한 인묘월령의 화는 지위를 얻으려는 본인의 사회적 처세, 혹은 사회적 활동을 잘할 수 있도록 타인에 의해 인도받는 것으로 본다.

● 이에 문제가 생겼다는 것은 학력, 경력, 경험을 살리지 못하는 문제가 생겼다는 의미이다.

● 계갑으로 갈고닦은 실력을 병화로 인정받아야 하는 것인데, 그 평가되는 지점에서 문제가 생긴 것이다.

● 화(火)가 많음으로 인해 내가 할 수 있는 일과 없는 일을 구분하는 안목, 여러 일마다 각각 맞는 방법을 따로 적용하여 효율적인 일처리, 일의 경중을 따져 우선순위를 구분 지어 수행 해나가는 능력 등이 떨어지게 된다.

● 또는 본인의 그릇을 잘 모르고, 본인이 감당하기 어려울 만큼 많은 일거리를 떠안기도 한다.

● 즉, 금생수 수생목으로써 내 배움이 충분하지 않은 상태로 병화의 활동을 하다보니 내 재능이 모자란 것이다.

● 그러니 실력을 발휘하고 실력 검증에 문제가 생긴 것이고, 그로 인해 사회적 경쟁력에 문제가 생기는 것이다.

● 또는 경쟁 및 사회적 활용에 쓰이지 못하는 재능을 쌓은 것으로 읽을 수도 있다.

● 이 역시 전공을 살리지 못한 것이며, 혹은 '수'라는 현명한 지혜와 지식이 모자란 것과 같다.

● 인묘월령에 화(火)가 많다는 것은 목생화가 과하게 되고 있다는 것을 의미한다.

● 그런데 인묘월령생의 사회생활이라고 할 수 있는 이 목생화가 진정으로 잘 되기 위해서는, 그러니까 이 사회활동이 일시적인 것이 아닌 롱런 할 수 있도록 지속성을 지니려면, 금생수가 필요한 것이다.

● 그래서 해결은 금생수로 한다.

해결① : 금생수(金生水) - 수정과 보완 또는 재교육 받음

◉ 인묘월령의 화(火)가 많을 것을 해결하는 금생수는 공부를 꾸준히 하는 것으로 해결하는 것이 아닌, 현재의 문제점을 수정 및 보완할 줄 아는 능력이다.

◉ 본인의 능력을 잘 펼칠 수 있는 장소나 분야로 이동하는 것인데, 사안에 따라서는 직업이나 진로를 수정할 수도 있다.

◉ 이렇게 직업 및 진로가 바뀌면 그에 따라 재교육받는 상황을 의미한다.

◉ 예전부터 해오던 공부를 계속해서 하기보다는 현재 더 발전되거나 새로운 분야와 환경에서 새로운 교육을 받고 갑병을 해나가는 형상이다.

돈후(敦厚) : 戊土가 높을 경우

◉ 이 시기에도 무토가 많으면, 즉 戊戌병존 또는 戊戌 · 戊辰과 같은 간지가 있다면, 첩첩산중에 있는 것에 비유할 수 있다.

◉ 병화가 무토에 가려(혹은 병화가 없어도) 내 모습이 잘 드러나지 않게 되는 현상이 발생한다.

해결① : 庚金 - 기술을 익힘

◉ 이때 역시 경금이라는 기술로 해결해야 한다.

◉ 도심보다는 변두리, 교외지역, 농촌 등에서 기술을 갖고 일하는 것으로 방향성을 잡으면 좋다.

◉ 또는 내 모습을 드러내지 않아도 되는 온라인으로 할 수 있는 직업, 직접

사람을 대면할 일이 현저하게 낮은 공간 임대업 등을 가지는 것이 좋다.

- ⦿ 사람들의 눈에 띄지 않는 환경에서 특별한 일을 해야 하니 특정한 기술이나 있어야 한다.
- ⦿ 무토가 아닌 기토가 있으면 실용성 있는 재능을 갖춰 일반적이고 중심된 환경에서 일하게 된다.

4.3. 卯辰월령 병약(病藥)

수다목부 / 음습 / 화다목분

4.3.1. 卯辰월령의 특징

- ⦿ 묘진월령은 癸乙丙을 갖춰, 사회 및 조직에 적합한 능력을 갖추고 준비한 다음 그것을 이용해 사회적 책무를 잘 수행하며 살아가는 환경이다.
- ⦿ 癸乙丙을 나눠서 癸乙, 乙丙으로 나눠 살펴보자.

(1) 癸乙

- ⦿ 조직과 사회의 질서에 맞는 임무를 수행하기 위한 각 개인별 능력이나 지혜를 갖추는 것을 말한다.
- ⦿ 이는 조직에서, 사회에서 필요한 능력이기 때문에, 나에게 적합하기만 하면 안 된다.
- ⦿ 사회에 맞는 능력을 준비하는 것으로 게을이 되면 무한 경쟁으로 흡사 상대를 밟고 올라가는 것과는 다르게 상대를 존중할 줄 알게 된다.

- '무난한 대인관계'를 지향하는 것이다.

- 사회 활동에 필요한, 그리고 인간관계 처세를 학습하여 갖춘 것이다.

- 계을만 있는 을목은 자신이 생각하기에 사회 및 조직에 적합하다고 생각한다.

- 그것은 자신의 주관적 생각이 투영된 적합성이다.

- 그러므로 본인이 생각하고 준비한 적합성이지 실제로 사회와 조직에 부합한 내용은 아닐 수 있다. 그래서 병화가 필요하다.

(2)乙丙

- 내가 속한 조직과 사회의 규칙과 질서에 맞는 임무를 수행하는 것이다.

- 해당 조직에 맞는 형태의 인간으로서 사회활동하는 것이다.

- 개인이 사회 속에서 활발히 교류하고 임무수행하는 것이다.

- 여기서 병화는 사회참여다. 조직에 대한 행동이 되는 것이고 조직 자체로 볼 수도 있다.

- 계수는 각 개인별 재능이고 병화는 사회 및 조직의 요구와 같다.

- 을병이 되면 조직의 명령에 따라 활동하는 것이다. 시간이 흘러 조직에 자리 잡았을 때 적합한 명령을 내리는 것이기도 하다.

4.3.2. 卯辰월령의 병

- 묘진월령은 습목인 을목이 많은 환경이다. 여기서 습한 기운인 계수가 많아지면 굉장히 습해져서 조후가 무너질 수 있다.

◉ 그리고 이 시기에는 특히 정화가 많으면 그로 인해 목이 말라 죽을 수 있다.

수다목부(水多木腐) : 癸水가 많아 생기는 병
(천간 癸水 2개 또는 지장간+천간)

◉ 계수가 지나쳐 습(濕)해지는 경우를 의미한다. 수가 지나치면 습해서 목이 곧게 자라지 못하고 굽어지게 된다.

◉ 자축월령의 수다목부 현상과 마찬가지로 본인 감정의 문제가 발생한 것이다. 자기 자신의 정신과 마음의 문제다.

해결① : 庚金 – 마음을 수련함

◉ 금생수로서 마음을 청정하게 해야 한다. 정신을 맑게 해야 한다.

◉ 마음을 훈련하는 것이다. 마음을 수련하는 것이다.

◉ 음습해진다는 것은 마음에 먹구름이 드리워 태양이라는 긍정적 마음과 자신감을 가리는 현상을 의미한다.

◉ 판단력이 흐려지고 편집증이 생긴다. 개인감정에 의해 부정적 현상이 나타나게 된다. 자신의 감정을 다스려야 한다.

◉ 경금이 있으면 이 먹구름을 빨리 떠나보낼 수 있다.

◉ 경금이 있다고 하여도, 있던 먹구름이 일시에 사라지는게 아니라 나쁜 감정을 컨트롤 할 수 있는 힘이 있는 것과 같으니 스스로 훈련하여 컨트롤 해야 함을 의미한다.

◉ 마음을 새롭게 다잡는 훈련을 끊임없이 해야 한다.

음습(陰濕) : 乙木이 많아 생기는 문제

- 나뭇가지가 너무 무성하여 엉키는 형상이다.

- 대인관계가 복잡하게 얽혀 관계에 문제가 발생할 우려가 있음을 말한다.

- 음습해져 문제가 생긴 것은 복합적인 문제로 자신의 문제도 있고 음습한 사람의 주위 사람 또한 문제가 있다.

- 즉, 본인도 문제가 있을 수 있지만 본인이 문제가 없더라도 문제가 있는 사람이 자꾸 엮일 수 있다.

해결① : 辛金 - 관계 정리 절지(折枝)

- 나뭇가지가 엉킨 것 중 너무 심하게 꼬여 있는 것과 필요 없는 것들은 잘라내야 한다.

- '저 사람이 내게 필요한 사람인가 필요하지 않을 사람인가, 나에게 긍정적 영향을 미치는 사람인가 부정적 영향을 미치는 사람인가, 실용적인 사람인가 비실용적인 사람인가.' 이렇게 분류하여 인간관계의 구조조정을 주기적으로 해야 한다.

※ 卯辰월령의 辛金 庚金 금극목(金훼木) 비교

- 신금으로 금극목 하는 것은 인연의 구조조정이고 복잡한 과거를 정리하고 청산하는 것이다.
- 경금으로 금극목 하는 것은 인연과 과거를 끊어내는 것이 아니라 고쳐서 쓰려는 노력이다.
- 그래서 경금의 금극목은 상대의 잘못을 꾸짖어 반성시키고 개선하여 다시 쓰려고 하는 성품을 지니게 된다.
- 이는 묘진월령의 특성상 사회진출 및 개인 능력의 인정, 상승이라는 기준에서 환경에 적합한 것은 아니다.
- 그렇지만 을목이 많아 관계가 어지러워지는 것을 어느 정도 해결하는 약으로 작동할 수 있다.
- 그러나 상대를 개선하려다 자기가 잘못되거나 휘말릴 수 있다.

화다목분(火多木焚) : 丙火가 많아서 나타나는 병(病)

● 병화가 많으면 목이 시들어 버린다. 사회적인 혼란, 과중과로 등의 문제다.

● 즉, 조직운영 상의 문제다. 직장 내에서 운영상의 혼란이 야기된다.

● 주변의 리더, 책임자들의 문제가 발생한 것이다.

● 병화가 많아 조직혼란이 야기될 수 있다.

● 집에 있으면 집이 한시도 조용하지 않고 부모가 싸우는 것이다. 직장에 가도 불화하는 현상이 나타난다.

● 丙丙으로 병화가 중첩되면 두 세력이 대립하여 각을 세우는 바람에 조직이 분열하는 것이다.

● 丙丁으로 병정화가 혼잡하게 되면 세력이 나뉘어 각자도생하러 가는 상황이 발생하여 조직이 분열하게 되는 것이다.

해결① : 戊土 - 조직 운영을 새롭게 다시 맞춰감

● 조직 사정에 맞게 형태를 변형시키는 것이다. 상황이 혼란해지면 그에 맞게 조정해서 운영하는 것이다.

● 무토가 있으면 자신이 속한 조직이 다소 구설이 있다고 하더라도 분열하지는 않게 된다.

4.4. 巳午월령 병약(病藥)

화다수갈 / 금다목절

4.4.1. 巳午월령의 특징

● 사오월령은 조직사회다. 사람들 개인 간의 관계를 넘어 조직적으로 발달한 환경에서 교류하며 살아가야 한다.

● 그리고 그 사회의 질서에 알맞게 행동하는 것이 중요해진다.

● 그래서 조직 운영, 인사가 중심이 되어 조직에 따른 사회활동 참여와 그에 따른 실적이 중요해진다.

(1)乙丙

● 乙丙의 목생화를 통해 열심히 조직 활동에 참여하기. 사회활동에 참여

해 조직의 임무를 수행하고 인간관계를 교류하는 것이다.

- 여기서 乙丙은 임무 수행만 잘해야 하는 것이 아니라 조직 관리, 외부 활
  동까지 잘해야 한다.

(2)丙庚

- 丙庚의 화극금으로, 乙丙으로 활동한 내용에 대한 부가가치를 창출한
  다. 그래서 丙庚은 미래를 보는 안목과 같은 것이다.
- '~될 것이다' 라고 목표 설정을 하고 실적을 내는 것이다.
- 그래서 乙丙의 활동에 대한 실적을 내는 것이고 대외교류를 통해 외부
  를 관리하는 것이다.
- 실적을 관리하고 대외를 관리한다. 미래 비전을 제시하여 가치 성장을
  이뤄내야 한다.
- 활동한 이력을 인정받아 조직 내에 지위를 차지하게 되고 종국에는 조직
  의 기득권이 되는 것이다.
- 즉, 앞날을 내다보는 혜안을 가지고 활발하고 원만한 대외 교류를 통해
  실적을 내어 인정받은 다음 기득권이 되는 것이다.
- 乙丙까지는 내부 교류였다면 丙庚에는 대외교류가 포함되어 있다.
- 乙丙이 조직 내부 규모의 교류, 개인 관계의 확장, 외부 업무에서도 조직
  이 내린 임무에 한정한 활동 등이라면, 丙庚은 조직을 대표하여 외부와
  교류하고 계약 성사, 실적을 내는 것이다.
- 개인 단위로 보면, 조직임무에 따라 그에 맞게 활동하면서 친분과 인간

관계적 친밀함, 우호도를 올리는 것이 乙丙에 해당한다면, 丙庚은 그뿐만 아니라 능력을 인정받고 부가가치를 인정받는 것이다.

- 실적을 인정받은 것이고 미래 가치를 제시한 사람이 된다. 투자 유치를 받는 것과 같다.

- 사오월령에 乙丙만 있으면 주어진 임무를 잘 수행할 수 있다. 丙庚까지 되어 있으면 리더, 지도자 자리에 오르고 싶어 한다.

4.4.2.巳午월령의 병

- 사오월령은 화생금하여 결과를 봐야 하는 시기이므로 때와 장소에 맞는 전략(작전, 기획)과 행동력 및 달성 가능한 목표 설정이 중요한 시기다.

- 이때 전략은 수(水), 행동력은 화(火), 목표는 금(金)이라고 할 수 있다.

- 수(水)에 비해 상대적으로 화(火)가 너무 강하면 수(水)가 마르고, 화(火)에 비해 상대적으로 금(金)이 너무 많으면 본인이 감당하기 힘든 목표를 설정했거나 일을 하는 것으로 문제가 일어난다.

화다수갈(火多水渴) : 丙火가 많은 경우

- 이는 기획 능력, 작전 능력이 부족해지는 것을 의미한다. 전략, 전술가로서 재능이 부족한 것이다. 어리석은 사람이 된다.

- 만약 인묘월령에서 화다수갈이면 내가 배운 전공 지식을 쓰지 못하고 진로가 달라진다고 했다.

- 사오월령과 맥락적으로는 같은 의미다. 인묘월령에서의 병화는 개인이

습득한 지식·재능 등으로 자신의 실력을 드러내어 사회적 지위를 높이고자 하는 행위였다면, 사오월령에서는 병화는 조직 단위에서의 활동력으로 해석한다.

- 즉, 조직에 융화되어 조직을 잘 이끌어 좋은 성과를 내기 위한 활동력이다.
- 조직운영이 잘 되고 유지되려면 수(水)로써 계획과 전략을 잘 짜야 하는데, 염상하여 수가 마르면 전략적, 전술적 계획이 부실한 것이기 때문에 일을 처리할 능력 또한 미미하다고 판단한다.
- 염상하여 금생수(金生水)가 되지 않으면 수생목(水生木)이 되지 않아 결국 목생화(木生火)가 제대로 이뤄지지 않는다.
- 즉, 깊이가 없어 지속능력이 부실해지고 그에 따라 일처리 능력 또한 없어지는 것이다.
- 능력이 없어지고 방만해지니 일을 벌일 능력도 없어지므로 지속성이 없어진 것이다.
- 잘못된 방향으로 일을 처리하니 진행되다가 반려되고, 진행하다가 막히고, 진행하다가 보류되고, 진행하다가 그만두고를 반복하게 된다.
- 사오월령에서는 조직의 관리자로서 성장하기 위해 실력을 인정 받고, 관리자로서의 공로도 세우고 또 모범도 보여야 한다.
- 그런데 화다수갈(火多水渴)되면 순서 없이 일을 방만하게 벌려 놓기만 한다는 의미다. 일을 벌려 놓고 결과가 없는 것이다.
- 사오월령에서 병화는 조직이기 때문에 병화가 많아서 조직이 잘못되

면, 자신만 잘못되는 것이 아니다. 소속된 사람, 구성원 모두 힘들어진다.

● 그리고 이 시기에 태어나 병화(丙火)가 많은 사주는 지나친 확장이나 발전을 하려고 하는데 이는 곧 매출은 좋지만, 실제 수익은 마이너스가 되는 현상으로 이어진다.

● 그래서 이 시기에 병화가 많으면 밑지는 장사를 한다. 지나친 확장과 발전하려는 욕구 때문이다.

● 내실을 다지기보다 외형적으로 드러나는 모습에 치중하여 따르는 결과이다.

● 화다수갈되면 빛좋은 개살구다. 사람들을 만날 때 외모로 만난다. 드러나는 것으로만 만나는 것이다.

● 보여주기식으로 고급 차량을 리스하여 타고 다니고 명품 시계를 통해 능력을 과시하고자 한다.

● 그러므로 어리석은 사람이다. 세상의 본질을 잘 모른다는 의미이다.

해결① : 金生水 – 실력을 키움

● 수(水)가 부족하지 않으려면 금생수(金生水)가 되어야 한다. 그래야 일에 맞게 적절한 계획을 수립하고 그로 인해 실력을 중심으로 사람을 만나고 소통하게 된다.

● 금생수(金生水)된 계수(癸水)가 있어야 해야 할 일에 대한 적절한 계획을 수립할 수 있게 된다.

해결② : 戊土 – 구조조정

● 무토로 해결하면 긴축 정책을 펼치는 것이다. 염상하여 조직이 잘못되었으니 구조조정을 한다.

● 필요 없는 사람을 내보내고 쓸데없는 절차, 정책들을 조정해야 한다. 조직의 실정에 맞게 구조 조정한다.

● 원국에 무토가 있는 것이 아니고, 세운(歲運)에서 오는 것은 그다지 효용성이 없다.

● 이미 명(命)에서 병화(丙火)가 많아 염상이 됐는데, 후에 무토(戊土)운이 와서 구조 조정하는 것은 수습에 불과한 것이다.

● 그러니 무토(戊土)운에 이르러 구조 조정하지 않으면 안 되는 상황이 발생한 것으로 판단한다.

● 그래서 원래 염상한데 무토(戊土) 세운이 왔다고 해서 구조조정이 되어 길(吉)하게 되는 운이라 보기 어렵다. 그냥 안좋은 상황을 수습할 뿐이다.

금다목절(金多木切) : 庚金이 많음

● 앞서 언급하였듯 화(火)에 비해 상대적으로 금(金)이 너무 많으면 본인이 감당하기 힘든 목표를 설정했거나 감당하기 힘든 일을 하는 것으로 문제가 일어난다.

● 즉, 과대광고너 허위 공약을 내세운 것으로 나타난다. 부풀려 말해서 환심을 사고 약속을 이행하지 못하는 것이다. 지키지 못할 약속을 하는 것이다.

- 만약 신금(辛金)이 많으면 결과와 성과를 부풀린 것이다. 성과는 이미 나와 있는 것이니 조사해서 말과 성과가 불일치한다면 선택하지 않으면 그만이다.

- 그러나 경금(庚金)은 앞으로 진행될 프로젝트, 임무와 일에대한 결과를 부풀린 것이다. 그러므로 경금이 많을 때 주변 피해가 크다.

- 과대 포장하는 것은, 병화(丙火)의 작용이고 결과치를 과장하는 것은 금(金)이 많기 때문이다. 한마디로 말해 목표를 과하게 설정한 것이다.

- 금이 많은 것의 또 다른 폐해는 조직원들을 과중·과로시키는 것이다. 목표실적을 과도하게 높게 잡아 놓아 소속된 사람들을 힘들게 한다.

- 본인의 기대치가 높았기 때문에, 그것이 실현되지 않을 것 같으면 모진 소리까지 일삼는다.

- 그래서 을목(乙木)이라는 사람에게 몸과 마음에 상처를 주게 되고 결국 사람들이 떠나게 된다.

- 이 현상이 사오월령에 금다목절(金多木切) 현상이다.

해결① : 甲木 - 지혜로운 판단

- 갑목(甲木)을 통해 현명하고 실용적 판단을 해야 한다. 실속있게 판단하여 적효하고 효용성 있는 것만 하는 것이다.

- 사람들에게는 꼭 필요한 일이라고 설득하고, 최소한의 소모로 최대의 성과를 취하여 월급 인상 또는 현금 인센티브를 통해 보상해주는 것과 같다.

- 굳이 부풀려서 공약을 제시하지 않아도 약속을 이행한다. 힘이 들어도

실제로 실현 가능한 공약을 내세운 것이다.

火또는 金이 부족한 경우

- 사오월령 생이 화가 많지 않으면 말과 행동이 허황하지 않고 방만하지도 않다. 상대적으로 욕심이 없으며 조용하다.
- 여기서 화가 많지 않는다는 것은 화(火)가 천간에 투간 되지 않은 명(命)을 그렇게 본다.
- 여름 생은 여름 생답게 열정적이고 의욕적이어야 하는데 그것이 안 되니, 자기 발전의 원동력이 미미한 것이다.
- 그래서 소극적이거나 열정과 의욕이 적은 것도 사오월령에서는 문제 아닌 문제가 되는 것이다.
- 마치 사지 멀쩡하고 앞날이 창창한 청년이 의욕이 없는 것에 비유할 수 있으며, 이제 사회로 나가 경험을 쌓고 인정받아야 하는 시기에 아무것도 욕심내지 않으려고 하는 것이다.
- 활동성이 미약한 것이고 이것이 향후 사회적 성취, 실적에 문제가 생기게 된다.
- 금(金)이 투간하지도 않고, 사 중 경금(巳 中 庚金)으로만 있는 경우 금(金)이 부족하게 되어 목표를 내세우거나 공약을 걸지 않는다.
- 화왕절에는 대외 활동을 열심히 하며 사람들과 교류해야 하는데, 너무 조용히 지내면 이것이자체가 문제가 되는 것이다.
- 즉, 화(火)가 부족하면 자신감이 없는 것이고 금(金)이 부족하면 포부가

없게 된다. 화왕절 생은 금(金)이 너무 없으면 결국 성취하는 힘이 약해 성공하지 못한다.

※사오월령에 병이 없이 약이 있는 경우

※특히 화가 많지 않은데 무토가 있거나 금이 많지 않은데 갑목이 있는 경우가 있다.

   ⇨ 이런 사람들은 타인이 어떤 일에 도전하고 시도 하려고 하면 자꾸 못 하게 말린다.

- 병에 걸리지 않았거나 병이 없는데도 약이 있는 사람들은 매우 소극적이고 실패에 대한 과도한 불안감이 있기때문에 사회활동 및 대인관계에서 부정적 또는 소극적 태도를 보일 수 있다.
- 그러나 잘못되기 전에 대비하는 측면에서는 좋다. 이러한 자질을 잘 살려 잘못되기 전에 관리해 주는 직업. 보험, 연금, 노후 대책 등 리스크 관리 및 컨설팅 분야에서 일할 경우 빛을 볼 수도 있다.
- 병이 있는데 약이 없으면 발전하려고 하는데 대책이 없는 것이고, 리스크를 계산하지 않은 것이다.
- 약은 있는데 병이 없는 사람은 미리미리 다가올 겨울을 준비한 사람에 비유할 수 있다. 이런 사람은 전략·기획의 파트에서 가치를 인정받을 수도 있다.

4.5.午未월령 병약(病藥)

화다목분 / 화다금소 / 화다토조 / 금다화식 / 토다매광

4.5.1.午未월령의 특징

◉ 오미월령은 형체가 없는 양의 권역에서 형체가 있는 음의 권역으로 넘어가는 금화교역이 되는 시기이므로 모든 것이 차츰 눈에 띄게 되는 시기이다.

◉ 만물의 존재가 뚜렷해지는 시기이고 개념이 명확해지는 때이므로 존재하는 모든 것들의 이름과 상태를 명명하고자 하는 시기이다.

◉ 그러므로 오미월령에 태어난 사람은 갖춰야 할 것도 많고 할 일도 많다.

◉ 모든 것이 변하는데 그 변화의 중심에서 새로운 규칙을 만들고, 이 전에 존재했던 것보다 더 나은 지식과 물건을 내놓아야 한다.

◉ 그러기 위해 많이 알고, 많이 경험하고, 실력 수준이 높아야 한다.

◉ 새로운 것이 나타나는 순간 많은 변화가 일어나고, 그에 따라 할 일 또한 많은 것이다. 오미월령의 당령상생은 乙丁庚이다.

(1)乙丁

◉ 전문적 지식에 대한 연구와 개발이다. 또는 특정 분야에 대한 조예가 깊은 것이다.

◉ 여기서의 목생화(木生火) 乙丁은 기본 실력이자 재주가 된다.

(2) 丁庚

◉ 결과를 잘 도출해 내는 능력이다. 정경이 있으면 끊임없는 연습과 훈련을 통한 전문가(실력자)가 되는 것이다.

◉ 전문성을 확보하여 해당 분야의 발전에 기여하게 된다.

4.5.2.午未월령의 병

◉ 화가 가장 치열해질 수 있는 시기다. 그래서 화가 조금이라도 많게 되면 여러 가지로 좋지 못한 현상들이 일어나게 된다.

◉ 화가 많으면 목이 모두 타고, 금이 모두 소멸되고, 토가 매우 건조해지며, 수가 모두 증발하여 좋지 못한 현상들이 일어나게 된다.

◉ 사실, 이 모든 현상은 만물의 근원인 수가 부족해서 일어나는 현상으로 봐도 무방할 정도로 수의 부재(不在)가 가장 큰 원인이라 할 수 있다.

◉ 수가 충분히 존재하여 수갈(水渴)이 해결되면, 수가 화를 견제하여 목분(木焚)도 막을 수 있고 금소(金銷)도 막을 수 있고, 토조(土燥)도 막을 수 있는 것이다.

화다목분(火多木焚) : 丁火가 많아 乙木이 타버리는 경우

◉ 정화가 많아서 을목이 타 없어지는 것이다.

◉ 이는 과거의 경험, 학력, 이력이 단절됨을 의미한다. 마치 과거가 소멸되는 것과 같은 현상이 일어난다.

◉ 부모, 집안 등이 망하고 쇠퇴하는 현상도 이에 해당할 수 있다. 지금껏

해 왔던 활동이 앞으로의 활동에 밑거름이 되지 않는 것이다.

- 또한 기존에 쌓아 올린 것이 무너지는 것에 비유할 수 있다.

- 그래서 인맥이 끊기는 것도 이에 속할 수 있다. 배신과 배반 또는 인적 네트워크가 단절되는 난감한 현실에 부딪히게 될 수도 있다.

해결① : 壬水 – 현실과 타협하는 지혜

- 필요한 것만 할 줄 아는 현실적인 지혜이자 안목이다. 가장 효용성 있는 일만 하는 것이다.

- 모든 걸 감당할 수 없으니, 꼭 해야 하는 것만 하는 것이고 타협의 정신이라 할 수 있다.

해결② : 癸水 – 재기(再起)

- 계수로도 어느 정도 해결되지만 이는 다소 한정적 측면을 갖는다. 을목을 다시 살려내 키운다는 말인데, 귀(貴)는 살릴 수 있는데 부(富)를 보존할 수는 없다.

- 그래서 돈을 잃거나 몸이 아픈 것은 막을 수 없다.

해결③ : 甲木 – 재활(再活)

- 갑목이 있으면 새롭게 재시작 하는 것이다. 신규 프로젝트에 착수하고, 새로운 사업을 실행하고, 새로운 인맥을 구축한다.

- 새로운 것으로 새롭게 시작해야 하므로 지나간 것은 없애고 못 쓰게 된

것도 없애야 한다.

- 폐업, 파산, 부실 사업 정리 후 신규 사업을 시작하는 것과 같다. 그러니 사람도 새롭게 만나야 한다.
- 재활 교육, 제2의 직업교육과도 같다.

화다금소(火多金鎖) : 火가 많아 金이 사라지는 현상

- 이는 정화(丁火)가 많아서 신금(辛金)이 녹아 없어지는 것이다.
- 수(水)를 먹은 목(木)이 화(火)를 만나 단단하고 가치있는 금(金)으로 바뀌어 다시 수(水)를 지나 다음 시대의 목(木)에게 전달되어야 하는데, 금(金)이 금(金)으로서 형성되지 못하고 소멸하는 것이다.
- 그래서 미래에 목(木)이 머금을 수(水)를 생산할 수 없게 된다.
- 미래의 먹거리 미래를 대비한 자본, 미래에 나를 돌봐 줄 자식 또는 사람이 사라지는 현상이 일어난다.
- 정확히는 미래에 써야 할 에너지와 물적, 인적 자원을 미리 당겨쓰는 것이다.
- 그래서 미래 소멸 현상이라고 말한다. 미래의 내 건강, 직업, 재산, 지식, 자식, 인맥이 유지되지 못함을 의미한다.
- 또 다른 말로는 내가 가진 상품의 가치와 희소성이 떨어진다. 주로 욕심을 내어 미래에 쓸 재산까지 모두 끌어와 투자하는 탓에 망하는 현상이다.

해결① : 壬水 - 현실과 타협하는 지혜

- 현실적으로 실리를 취할 수 있는 생각과 안목이다. 때와 장소 환경, 본인

을 잘 파악하여 전략을 세워 투자하고 행동한다.

- ◉ 이길만한 경쟁에만 참여하고, 모든 일에서 두각을 나타내고 모든 것을 성취할 수 없으니 할 수 있는 것만 잘 골라내어 수행한다.
- ◉ 그래서 주로 현재 위치보다 낙후된 지역으로 이동하여 다시 시작한다.
- ◉ 광역시에서 안 되면 중소 도시로 이동하거나 우리나라에서 안 되면 캄보디아나 라오스로 가면 된다.

※ 午未월령에서 임수의 역할

- 화다목분과 화다금소는 임수가 없으면 동반될 가능성이 크다.
- 정화가 과다한데 임수로 취사선택하지 않으면, 과거에 현재를 위해 잘 준비하지 못했기에 그 사람의 미래 또한 불투명해지는 것이다.
- 과거에 나름의 준비를 했다 하더라도 과한 욕심 때문에 잘못된 판단으로 준비한 것을 모두 모아 한순간 모두 날려 버리는 행위를 하게 된다.
- 그래서 과거의 이력이 필요 없을 만큼 철저하게 망해 버려 미래까지 불투명해지는 상태에 이르는 것이다.

화다토조(火多土燥) : 火가 많아 土가 마르는 현상

- ◉ 이는 정화(丁火)가 많아 기토(己土)가 마르는 것이다.
- ◉ 마음의 불안정으로 나타나는데 주로 불안정한 거주지에 대한 불안, 본인이 가진 재산이나 능력이 부족하다고 생각하는 불안, 건강을 염려하는 불안증이 뒤따를 수 있다.

- 실제로 신체의 손상이나 거주의 문제, 재산의 손실, 직위의 하락과 같은 일이 일어나기도 한다.
- 그래서 임대 생활을 하든, 병원에 입원 생활을 할 수 있다.
- 원천적으로는 수(水)가 마름으로 인해 토(土)가 마르는 것이다.
- 그래서 화가 많으면 토조(土燥)도 되고 목분(木焚)도 되고 금소(金銷)도 된다.
- 즉, 모든 것의 근원인 수(水)가 없어지면 균형이 깨지는 것이다.

① 해결 : 癸水 - 근(根)

- 임수(壬水)로는 토조(土燥)를 해결할 수 없다. 임수(壬水)는 토를 적시는 기능을 할 수 없기 때문이다.
- 임수(壬水)가 목분(木焚)과 금소(金銷)의 위험은 벗어나게 할 수 있으나, 거주지 불안에 대한 문제는 해결할 수 없다.

금다화식(金多火熄) : 庚金이 많아 丁火가 꺼지는 현상

- 정화(丁火)라는 행동력 또는 능력이 감당할 수 있는 양 이상으로 경금(庚金)이라는 목표 또는 일이 너무 많은 것이다.
- 이때 목(木)이 있으면 부족한 정화(丁火)를 살릴 수 있으므로 정확히는 목(木)이 부족하여 금(金)을 감당하지 못하는 것이라 할 수 있다.
- 이는 오미월령 보다는 신유월령이 더 문제지만 오미월령생도 결국 금(金)을 봐서 본인의 실력을 증명하여야 하므로 오미월령에도 금다화식

(金多火熄)을 고려해야 한다.

- ◉ 정화(丁火)가 금(金)을 제련해야 하는데(일을 해야 하는데) 목(木)이 부족하여 정화(丁火)가 식는(중도 하차하는) 것이다.
- ◉ 즉, 목생화(木生火)가 안 되니 일어나는 현상으로, 본인에게 맡겨진 일거리에 비해 실력이 없는 것이고 할 일이 많은데 감당이 안 되는 것이다.
- ◉ 오미, 신유월령 출생자는 경금(庚金)이라는 상품을 만들기 위해서는 전문적인 실력(숙련도가 높은)을 요구받게 된다.
- ◉ 이때 경금(庚金)이 너무 많으면 당장 당면한 일이 너무 많아 전문적인 실력을 갖출 시간이 없을 수도 있다.
- ◉ 해결해야 할 일거리 대비 시간 또는 능력이 부족한 것이고, 원인이 무엇이든 어쨌든 환경에서 요구하는 일에 대한 해결 능력이 부족하게 된다.

①해결 : 인화(引火) - 甲丁 또는 乙丁(乙木으로 하려면, 亥卯未까지 있어야 한다.)

- ◉ 인화(引火)가 된다고 금다화식(金多火熄)이 즉각적으로 원만하게 해결되는 것은 아니다.
- ◉ 일은 여전히 많은데 그것들을 모두 연구할 시간이 되지 않으니, 다른 사람들이 이미 만들어 놓은 방법을 차용(借用)하는 것이다.
- ◉ 직접 개발하지 말고 남이 개발해 놓은 것, 연구해 놓은 것을 참고하여야 한다. 다른 사람의 지혜를 빌리는 것이다.
- ◉ 자기 머리로 해결하려 하고 스스로 처리하려 하면 자꾸 막히는 현상이

일어나는 것이 화식(火熄)의 현상이다.

- 미천한 실력으로 직접 해결하려고 하니 결과가 안 나오는 것이다.

- 목이 미약하게 있다면 스스로 실력이 있다고 착각에 빠지게 되고 현실은 상품이 나오지 않는다.

- 유행이나 디자인이 뒤 쳐진 상품이나 재미도 없고 감동도 없어 작품성 없는 것들만 보여주게 된다.

- 본인 보다 실력 좋은 사람을 월급을 주고 쓰는 것도 방법이 된다.

- 상당한 지출이 발생하지만, 실력 없는 본인이 하면 망하므로 마진이 작더라도 망하는 것보단 낫다.

토다매광(土多埋光) : 戊土가 많아 丁火가 꺼지는 현상

- 자축월령에는 무토가 다하면 계수가 묻혀서 갑목이 나올 수 없고, 午未월령에서는 무토가 많으면 정화가 꺼져서 경금을 생산할 수 없다.

- 즉, 춘절에 무토가 두터우면 씨앗이 물을 흡수하지 못해 싹이 안 나거나 잘 자라지 못하듯, 추절에는 무토가 두터우면 정화의 열기가 닿지 않아 양질의 경금을 생산할 수 없다.

- 그래서 춘절은 경금으로 땅을 파서 물길을 살리고, 추절에는 갑목으로 꺼진 불을 다시 살려야 한다.

①해결 : 甲木 – 진로 수정

- 그래서 토다 매광에는 갑목이 약이 된다.

◉ 실제 나타나는 현상은 가을생이 갖춰야 할 기술력의 퀄리티가 낮으니, 기술 재능 보다는 말과 글의 지적 능력을 개발하는 것으로 진로를 수정하는 것이다.

◉ 이런 경우에는 도시 설계, 각종 산업 설계, 건축 설계나 회계사, 세무사, 건축사, 설계사, 변리사와 같이 현장 관련 산업 섹터에서 문서 업무를 담당하는 것과 같다.

4.6. 申酉월 병약(病藥)

금다화식 / 금다목절

4.6.1. 申酉월령의 특징

◉ 입추부터 추분까지 45일간을 의미하며, 기술 시스템을 기반으로 하여 상품을 생산하는 시기다. 상생식은 丁庚壬이다.

◉ 고된 훈련과 연습으로 육체를 단련하거나 사물을 다루는 기술력을 향상시켜 새로운 것을 생산 발표하는 것과 같다.

(1) 丁庚

◉ 수천 번, 수만 번 훈련과 연습을 통해 전문가로서의 면모를 갖춰나가는 것을 의미한다.

◉ 그래서 상품 가치가 높은 물건을 생산할 수 있는 것이고, 높은 기술력을

확보하게 되는 것이다.

(2)庚壬

- 상품을 출하하여 시장에 내어 놓는 것이다. 또는 기술 재능을 선보여서 인정받는 것이다.
- 전문가로서 실력자로서 숙련자로서 인정받는 것이다.

4.6.2.申酉월령의 병

- 신유월령에서는 금(金)이 병(病)들면 항상 마지막 단계에서 불미스러운 일이 일어난다.
- 경쟁의 최종단계에서 탈락한다. 시작은 창대하나 마무리가 미진하다. 끝맺음이 부실하다.
- 사실 신유월령 뿐만 아니라 모든 월령에서 금(金)이 제대로 작동하지 않으면 항상 마무리가 부실하다.
- 참고로 병든 금(金)이 약이 있어 치료되더라도 즉시 호전되는 것이 아니라, 나이가 들면서 서서히 성숙한 인간 됨됨이를 갖추어 나가는 것을 의미한다.
- 신유월령의 금(金)은 화(火)에 의해서 자기 능력의 가치를 높이고, 수(水)에 의해서 그 가치를 널리 알리는데 이 둘과의 관계성에 문제가 생겨 병(病)이 든다.

- 목생화(木生火)가 되지 않아 정화가 꺼지는 현상이다.

- 인화(引火)되지 않으므로 실력이 없는 것이다. 상품에 불량이 생긴다.

- 준비했는데 결과를 제대로 내지 못한 것이다. 결과가 부실한 것이다.

- 결과를 내기 위해 뭘 많이 가져다 놓았는데 결국 성취하지 못한 것이다.

- 성과 부족에 시달릴 수 있으며 투자에 대한 결과물이 나오지 않는다.

- 경금이 많은 것은 목표치가 높은 것이며, 또 다른 비유로 원도급 업체가 요구하는 제품의 수준이 높다는 것이다.

- 목생화(木生火)가 안되어 많은 경금(庚金)을 처리하지 못하니 실력이 부족한 것이다. 혹은 실력이 내려간 것이기도 하다.

- 이 시기에 사주에서 목이 단 하나도 없어서, 목생화(木生火)가 아예 안 되면 애초에 수준을 높이려 하지 않으니 문제가 없다.

- 그런데 을목 하나만 있어도 정경(丁庚)하기 위해 을정(乙丁)하게 되므로 결국 을목이 소진되어 금다화식 현상이 일어난다.

- 그러나 미약한 을목으로 하는 을정(乙丁)의 인화는 곧 중단되므로 지속적인 재능 · 전문지식 향상이 되지 않는다.

- 그러면 하향 지원을 하고 눈 낮추기를 하면 된다.

- 굳이 수준을 높이고 성장 및 확장하려고 하지 않으면 된다.

① 해결 : 인화(引火) - 甲丁 또는 乙丁(乙木으로 하려면 亥卯未까지
있어야 한다.)

- 오미월령에서는 아직 생산을 시작한 때가 아니기 때문에, 앞으로 해 나갈 일에 대해서 작전을 세울 수 있는 여유가 있다.
- 그러므로 오미월은 시공간적 여유가 있어, 금다화식(金多火熄)되면 갑목으로 타인의 지식과 능력을 차용하면 된다.
- 그러나 신유월령은 이미 생산 환경에 들어온 것이다. 이미 상품이 만들어지고 있고, 결과를 내어야만 하는 환경에 처해 있는 것이다.
- 경금 자체가 당령이기 때문에 실제 물건, 실제 결과로 바로 평가가 이루어지는 시기다.
- 그러므로 신유월령에서 금다화식(金多火熄)되면 '미완성'된 상품을 시장에 어떻게 활용할 것인지 지혜가 필요하다.
- 충분한 목으로 인화가 된다면 시간이 흐른 후 전문가가 될 수 있다.

② 해결 : 金生水 - 유통

- 임수가 적합하다. 주어진 환경에 맞춰 시장성, 대중성을 고려해 알맞게 출하하는 것이다.
- 계수로 하면 대중성이 떨어지며, 한정된 분야 한정된 대상으로 출하하는 것이므로 상품 구성의 폭이 좁아지지만 가능하다.

※금다화식(金多火熄)에 대하여

- 목(木)이 없는(지장간에도 없는) 경우에는 큰 도전을 하지 않는다.
- 애초에 인화를 하려고 하지 않으니 실력향상 및 높은 수준을 위해 도약하려 하지 않는다. 그래서 이 경우에는 문제를 못 느낀다.
- 목(木)이 약하게 나마 있는 경우에는 본인이 반드시 상대방 보다 더 나음을 증명하기 위해 도전하다가 망한다.
- 패배할 경쟁에 참여하는 것이다.
- 신유월령에는 상품이 반드시 완성되어야 한다. 그런데 신유월령의 금다화식(金多火熄)은 상품을 완성하여 시장 경쟁력을 갖추기 어려우므로 미완성된 상태로 바로 시장에 참여하면 된다.
- 완제품을 만들지 않고도 돈 벌 수 있는 수단을 개발해야 한다.
- 자신이 직접 상품을 완성하여 완제품을 파는 것이 아니라, 고객이 와서 완성하도록 기본 구성만을 갖추고 파는 것이다.
- 전문적 지식이 필요하거나 고도의 숙련도가 요구되는 일은 하면 안된다.
- 일일 체험이나 동물 먹이주기 체험 등 고객이 알아서 행동하고 결정할 수 있도록 기본 시설, 요소, 재료만을 갖춰 놓는 것이다.
- 또는 ~방, ~실, ~터, ~장과 같은 시설을 갖춰 놓고 공간을 운영하는 것이 좋다.
- 계절에 따라 인화(引火)나 수원(水源)이 필요하게 되는데 이것이 안 되면 위와 같은 업태를 취하는 것이 좋다. 공간 관리, 기본 형식 관리, 안내 등이다.

◉ 경금이 많고 목이 약한 경우가 이에 해당한다.

◉ 금다목절이 되면 몸이 아프거나 다칠 우려가 있다. 신체상에 불미한 현상이 일어난다.

◉ 금이 많아서 화가 약해지면 실력이 낮아지는 것이니 눈을 낮추기만 하면 된다.

◉ 그런데 목이 조금이라도 있어서 목절되면 신체적 문제가 발생하는 것이다.

◉ 화가 없이 목만 있으면 화가 금을 견제하지 못하니 바로 목절(木折)로 이어진다.

①해결 : 丙火 – 긍정적 마음가짐과 행동의 지혜

◉ 목을 보호해 주어 다치지 않도록 인도하는 것이다. 정화로도 해결 가능하지만, 넓은 시야로 보기 어려워 안전사고가 일어날 수 있다.

◉ 금다목절(金多木折)은 건강에 대한 염려나 걱정, 미래에 처한 신체 걱정, 지나간 사고에 대한 트라우마 등을 의미한다.

◉ 병화가 있으면 위험이 보이므로 피해갈 수 있는 것이지만, 정화가 있으면 한고비만 넘긴 것이다.

◉ 신유월령은 상품이 생산되는 환경으로, 시장으로 향하는 시점이다.

◉ 그러므로 실력이 중요했던 오미월과 달리 신유월로 넘어오면 실제 생산된 상품, 당장 낼 수 있는 결과가 중요해지는 것이다.

- 그러니 신유월령에서 무엇보다 중요한 것은 상품이 어떤 형태로 있느냐, 실력이 어떤 과정을 거쳐 준비되어 있느냐, 어떤 방법으로 시장에 선보일 것이냐이다.
- 이 과정에서 생기는 병(病)은 과도한 결과 성과 스트레스로 신체가 아프거나 사고가 일어날 수 있는 것, 실력이 부재하여 문제가 생기는 것이므로 항시 자신의 상태와 시장의 흐름을 살펴야 한다.

4.7. 酉戌월령 병약(病藥)

금다수탁 / 화다금소

4.7.1. 酉戌월령의 특징

- 상품과 기술의 품질을 개선하여 상품과 기술의 가치를 높이는 시기다.
- 기술과 재능의 재활, 상품을 분해하여 재생산 재활용과 같이 가치의 재창출이라 할 수 있다.

(1) 丁辛

- 특정 가치의 용도와 지속성을 극대화하여 재능 가치화 및 상품 가치화를 시키는 것이다.
- 시장 가치를 올리기 위한 노력 과정으로써 가격이 높아지기 위해서는 丁辛을 해야 한다.

(2) 辛壬

◉ 상품(물건, 재능) 구성 능력, 유통 능력, 상품성, 흥행성을 의미한다.

◉ 시장경제를 바탕으로 세상에 맞게 새로운 가치를 창출할 수 있는 능력이다.

4.7.2. 酉戌월령의 병

◉ 유술월령의 병은 모두 임수가 충분히 없어 발생하는 것이다.

◉ 수(水) 대비 상대적으로 신금(辛金)이 많아 수질이 탁해져서 병이 발생하고, 임수가 없으면 화에 취약한 신금(辛金)을 지킬 수 없어 병이 발생한다.

> **금다수탁(金多水濁) : 辛金이 많아 생기는 병**

◉ 금은 자신의 상품 가치를 의미하는데, 금이 지나치게 많아서 임수가 흙탕물처럼 탁해졌다.

◉ 자기의 미천한 모습과 능력, 본인의 잘못이 세상에 드러나 망신을 당하는 것에 비유할 수 있다. 상품 자체가 짝퉁이거나 하자가 있는 것이다.

◉ 그러니 당연히 물건은 안 팔리고 재고가 쌓인다.

◉ 그러면 판매, 교류 대상을 바꾸어야 한다. 도매, 덤핑 처리해야 한다

◉ 반대로 해자월령에는 수가 많아 금침(金沈)된다.

① 해결 : 庚金 – 맞춤 고객을 찾아 덤핑

◉ 탁한 것을 조율하는 약(藥)은 경금이다.

- 신금(辛金)이라 하는 상품을 시장에 내놓았는데 자세히 보니 불량품이거나 정품이 아닌 것이다.
- 제품에 대한 불만사항이 접수된 것이다. 안좋은 소문이 돌기도 한다.
- 그런데 경금이 있으면 이런 것을 좋아하는 시장을 개척하는 것이다.

②해결 : 戊土 - 공간이동 환경 변화

- 금다수탁(金多水濁)으로 내 상품이 잘못된 것이 드러났다. 즉 시장에서 평판이 망가짐을 의미한다.
- 그러므로 무토로 새로운 곳으로 이동하는 것이다. 외부환경을 살펴 내가 갈 수 있는 곳을 모색한다.
- 이리저리 옮겨가서 개업과 폐업을 반복하는 것이다.
- 위 해결 방법 두 개가 모두 있으면 둘 다 하면 된다.

화다금소(火多金銷) : 丁火가 많아 생기는 병

- 금왕절(金旺節) 이지만 정화가 많으면 정화에 신금(辛金)이 취약하기 때문에 금소(金銷)의 위험이 있다.
- 여기서 정화가 많다는 것은 술중(戌中) 정화(丁火)가 있고, 천간에 정화가 투간만 되어도 많다고 한다.
- 그리고 정화가 있는데 임수가 없어 신금(辛金)을 보호하지 못하면 금소(金銷)이다.
- 자기 가치가 사라지는 현상이다. 그동안 이루어 왔던 것들이 폐기된다.

공든탑이 무너지는 것과 같다.

- 대출받아 건물을 샀는데 시간이 지나 건물 가격이 크게 하락한 것이다.

- 계속해서 대출 이자를 내야 하는데 제값 주고 다시 팔 수가 없다.

- 돈을 투자해 놓고 돈이 계속 나간다. 가치 하락, 폭락, 소멸으로 귀결된다.

- 기업 임원이 되었다가 퇴직하니 할 일이 없어진다.

- 아르바이트를 하게 된다. 이것이 유술월령에 화다금소(火多金銷) 현상이다.

- 사람의 가치, 지식의 가치, 물건의 가치가 떨어진다. 특히 폐업할 때 이러한 일이 생긴다.

- 오미월령의 화다금소의 임수는 미래가 사라지는 현상을 막기 위한 것이고, 유술월령의 임수는 현재 망하지 않기 위해 있어야 한다.

- 유술월령에게는 현재에 필요한 것이다. 바로 지금 하는 일에 필요한 의식과 행동이다.

- 임수가 없으면 항상 추락에 조심해야 한다. 실제 몸이든, 물질 가치든 간에 갑자기 떨어지는 것에 주의해야 한다.

- 유술월령에 정화, 신금(辛金)이 사주에 있으면 꼭 금소(金銷)될 행동을 하려 한다.

- 리스크가 큰 투자, 망할 위험이 큰일을 진행하여 안전성에 문제가 생긴다.

- 망하지 않으려면 오미, 신유, 유술월령생은 임수가 반드시 있어야 한다.

- 변화하는 세상 및 시장 상황을 읽는 눈이 있고, 혹시 위험 요소가 있지 않은지 생각하는 힘인 것이다.

- 유술월령에 임수가 없으면 금소(金銷)는 이미 일어난 일이다. 그러므로 빨리 망하는게 조금이라도 손해를 덜 보는 방법일 수 있다.

- 신유월령에 임수가 없으면 본인이 기대치를 낮추면 되지만, 유술월령은 그렇지 않다.

토다매금(土多埋金) – 戊土가 많아 辛金이 묻히는 경우

- 무토가 많아 생기는 문제는 계절을 불문하고 통용된다.

- 유술월령에 무토가 있으면 이 시기에 구성된 상품 가치, 혹은 자신의 가치가 대외적으로 어느 정도 인정받을 것인지 인지하는 역할을 하게 된다.

- 그런데 무토가 많을 경우 임수를 제방하여 막게되니, 신금(辛金)이라는 상품(물건, 재능)을 시장으로 내놓지 못하게 되어 결국 인정받지 못하게 됩니다.

- 즉, 사회생활 참여 의지가 없는 것으로 나타난다. 이것을 토다매금의 현상이다.

- 이는 상품 가치에 대해 너무 높은 수준을 요구하든, 시장을 고르고 고르다가 놓치게 되든, 결론적으로 일단 시장에 내어보내 인정받는 행위를 하지 않음에 따라 발생하는 문제이다.

- 신금(辛金)이 토의 중첩을 두려워하는 것은 무토가 많으면 수를 막아 유통되지(쓰이지) 못하고 땅에 묻혀버리기 때문이다.

- 유술월령에서는 기본적으로 금과 수가 원활히 유통되는 가운데 무토가 1개만 있어야 쓰임이 좋다고 할 수 있다.

● 그래서 무토가 많으면 임수를 막고 병화도 막게 되므로 목이든 금이든 제 역할을 하지 못하게 된다.

①해결 : 甲木의 木剋土

● 목극토(木剋土)로 경계를 허물어 금생수(金生水)의 유통(쓰임) 작용을 유도하므로 판로가 열리고 새로운 연결 작용이 있게 된다.

● 무토(戊土)가 적당히(1개만) 있어 애초에 금생수(金生水)가 원활히 되고 있었다면 수생목(水生木)을 통해 목극토(木剋土) 하게 되는데, 이는 늘 공부하고 개발하는 자세로 인해 시시때때로 본인의 가치를 높이는 사람이 되는 것을 말한다.

● 그런데 토가 많으면 토가 두터워 신금이 유통되지 않으므로 여기서 목(木)의 주된 역할은 수생목(水生木)의 역할보다는 무토가 임수를 막고 있는 것을 해소 시키는 것이다.

● 이것은 쓰이지 않던 상품, 혹은 자신의 재능이 새로운 소비자 또는 투자자에게 닿는 것과 같은 현상이 일어난다.

● 중개인, 교역자, 브로커처럼 활동할 수 있는 것이다.

● 또는 환경에 맞게 자기계발 하여 다른 방향으로 다시 직업을 찾을 수도 있다.

②해결 : 庚金

● 경금으로 당장 해결할 수 있는 문제부터 집중하게 된다.

- 혹은 새로운 체계, 새로운 사업, 새로운 상품으로 가치를 옮김으로써 무토가 많아 행동하지 못하게 되는 문제를 해결하게 된다.
- 결과가 빠르거나, 바로 시작할 수 있는 환경으로 옮겨가거나, 큰 부가가치가 필요하지 않은 산업 분야에서 다시 시작하는 효과가 있다(금극목으로 인한 목극토의 부재 때문).

4.8.亥子월령 병약(病藥)

수다금침 / 기임탁수

4.8.1.亥子월령의 특징

- 해자월령은 입동에서 동지까지 45일간을 말하며 대외교류를 통해 이윤 추구를 하는 시기다.
- 주로 통상, 무역, 영업, 수송, 운송, 여행, 항공, 선박, 문화 예술품 교류 등과 같이 활발히 외부 활동을 하는 것과 인연이 있다.

(1) 辛壬

- 대외 활동을 통해 상품과 재능을 교류하여 이윤을 추구하는 것, 경제활동하는 것을 의미한다.
- 상황과 환경의 흐름을 읽어 적재적소에 물건과 사람을 배치 시키는 능력이다.

(2) 壬甲

◉ 미래 활동에 대한 대비를 하는 것이다.

◉ 에프터 서비스, 고객관리, 사후관리, 기술 전수, 후학양성에 힘을 쏟는 것이다.

4.8.2. 亥子월령의 병

◉ 亥子월령의 병은 금생수(金生水)가 원활히 되지 않거나 한랭(寒冷)한 시절이라 온난(溫暖)한 기운이 없으면 병이 발생한다.

◉ 금생수(金生水)가 원활히 되지 않으면 소극적인 사회활동으로 인해 제대로 된 경제활동을 할 수 없어 가난을 면치 못하게 되는 것으로 나타난다.

◉ 그리고 무토가 너무 높아 따뜻한 병화와 정화의 열과 빛을 가리거나 금생수 작용이 너무 왕성하여 정화를 꺼뜨려도 병이 된다.

◉ 동절의 병은 금생수가 잘 안되거나 너무 잘 되어서 병이 발생한다.

수다금침(水多金沈) : 壬水가 多하여 辛金이 침전되는 것

◉ 임수가 많아서 신금이 가라앉는 현상이다.

◉ 신금(辛金)이라는 상품과 재능이 임수를 타고 널리 이동해야 되는데 제자리에 가라앉는 것이다.

◉ 그러니까 상품성이 뒤떨어지거나 가치가 낮아서 안 팔리는 것이다.

◉ 시대나 유행에 뒤처지고, 맞지 않아 본인의 재능이 빛을 보지 못하는 현상이 나타난다.

①해결 : 庚金 – 신상품을 내는 것 (庚 신사업, 신상품)

● 수다금침되면 주로 때를 놓친 시즌 아웃된 상품이 재고로 쌓이는 것이다.

● 이때 경금(庚金)이 있으면 신상품을 들여 놓는다.

②해결 : 戊土 – 시장을 바꾸는 것

● 무토가 있으면 시장을 바꾸는 것이다. 서울이 아니라 지방으로 가면 된다.

● 큰 시장에서는 경쟁력이 없으니 작은 시장으로 가면 된다. 작은 시장으로 가서 박리다매로 재고를 처리하면 된다.

● 좀 더 낙후되고 작은 시장으로 가야 들어맞는다는 것이다.

기임탁수(己壬濁水) : 己土가 壬水를 막지 못해 물이 탁해지는 것

● 화왕절에 기토가 병화를 감당하지 못해 을목이 시들었다면, 수왕절에는 기토가 임수를 감당하지 못해 신금이라는 보존해야 할 것이 떠내려 가는 것이다.

● 이때 무토가 없어야 기임탁수가 일어난다.

● 마치 산 아래로 홍수가 난 것처럼 신금이라는 상품 외에 흙과 돌도 섞여서 떠내려 왔기 때문에 신금의 상품성이 많이 훼손된 것이다.

①해결 : 甲木

● 갑목이 있으면 사람들이 대중적으로 실속있는 실용성 있는 상품을 판매하는 것이 아니라 감성을 자극 시켜 소비 심리를 이용하는 것이다.

◉ 대중적 심리와 시장 상황을 잘 파악한 다음 어떻게든 감성 자극 마케팅을 통해 소비성, 낭비성, 유희성 제품을 재고처리한다.

금한수냉(金寒水冷) : 辛金이 많아 사주가 냉(冷)해진 경우

◉ 이 시절에는 병화가 없는 가운데 신금(辛金)이 많으면 금한수냉(金寒水冷)이 된다.

◉ 혹독하게 추운 겨울날 햇빛도 한점 없는데 눈보라까지 치는 상황이다. 엎친데 덮친격이다.

◉ 살아갈 의미를 찾지 못하고, 인생을 살아가게 하는 동력원를 상실한 사람이 될 수 있다.

해결① : 丙火 - 목적의식

◉ 병화가 있으면 목적의식이 생긴다. 긍정적으로 마음먹고 언젠가는 긴 터널의 끝을 빠져나올 수 있다고 생각하며 버틴다.

◉ 다만 직업적 사회적 쓰임이라고 할 수 있는 갑목이 있어야 병화의 효력이 오래갈 수 있다.

해결② : 寅木 - 도움의 손길

◉ 본인은 인생을 살아갈 의욕이 없지만 주변에서 챙겨주고 도와줄 사람이 있다.

- 왕성한 경금이 금생수하여 수량이 많아짐으로 인해 정화를 꺼트리는 현상이다.
- 이래저래 힘들고 환경도 따라주지 않는다고 해서 열심히 노력하고 인내하는 삶을 살지 않는 것이다.
- 남들보다 몇 배 더 노력해야 하는 사람인데 그러기가 싫은 것이다. 그래서 그렇게 노력할 바엔 성실하게 살지 않겠다는 생각이다.
- 나중에 본인의 행동에 책임지게 되는 운이 오게 되면 대부분 후회한다.

해결① : 戊土와 甲木 – 한파를 막고 자기계발

- 왕성한 수를 무토로 견제하고 갑목으로 어려운 환경을 극복할 지식과 지혜를 습득하여 극복하는 것이다.

토다회화(土多晦火) : 戊土가 높아 火가 막힘

- 무토가 높아 화의 빛과 열을 차단하여 온난한 기운을 한점도 받지 못하게 되는 형상이다.
- 본인이 주목받지 못하고 항상 어딜가나 경쟁자에게 뒤지거나 걸림돌에 걸리는 현상이 일어난다.

해결① : 甲木 + 丙火 – 좋은 인연을 만나고 걸림돌 제거

● 갑목으로 소토하고 병화로 좋은 대인관계 처세를 하는 것이다.

● 그렇게 하면 결국 도움이 되는 인연을 만나고 자연스럽게 걸림돌도 피해

가게 된다.

명리 실전 꿀팁

아주 심기

너무 애쓰지 마라.
몸 다친다.
너무 마음쓰지 마라.
심장 상한다.

너무 잘하려고도 하지 말고
너무 잘되려고도 하지 마라.
맨날맨날 하시던 말씀
다 보이는가 보다, 울 엄마는

어머니 먼 길 가시고
딸이 딸을 낳으니
이제야
흙 위를 톡톡 두드리며
나를 아주 심는다.

水生木헀土

5장
명리 실전 꿀팁

5.1. 건강

- 건강을 판단할 때는 육신은 보지 않고 오행으로만 본다.

- 오행으로 볼 때에도 목·화 중심인지 금·수 중심인지를 판단하는데 월지가 해당 팔자의 온·습도에 기준이 되는 계절을 상징하므로 월지를 주요하게 본다.

- 이때 진월은 봄의 습(濕)한 계절, 미월은 여름의 난(暖)한 계절, 술월은 가을의 조(燥)한 계절, 축월은 겨울의 한(寒)한 계절로 판단한다.

- 따라서 축월에는 일간을 막론하고 매우 추운 것이다.

- 팔자가 춥다는 것은 해당 팔자 주인(命主)의 몸이 냉(冷)하여 여러 건강적 문제가 일어날 수 있고, 정신적으로 우울할 수도 있다.

- 축월에 갑목은 겨울지나 봄이 오면 나아진다.

- 축월에 병화는 겨울지나고 봄이 지나고 여름까지 와야 살만해 진다고 본다.

- 일간의 타고난 결대로 살 수 있는 계절까지 오면 잘 맞다고 느낀다는 것이다.

5.2.토와 건강에 대하여

- 진토 : 말랑말랑한 물풍선 같은 것(물혹)
- 미토 : 속에 열이 많은 것(염증)
- 술토 : 막히는 것
- 축토 : 딱딱하게 굳은 것(간경화)

◉ 이러한 건강상의 문제는 가족력을 살펴야 하는데 이는 년월을 살피는 것이다.

◉ 임진간지가 년월에 있는 사람이 당뇨가 있다면 이는 가족력이라 보고, 일시에 있다면 후천적 관리 부재라고 판단한다.

◉ 미월생 천간에 갑목이 있다면 선천적으로 신경이 약한 것

◉ 축토는 딱딱한 것을 감싸고 있는 형상이고, 진토는 물컹한 것을 감싸고 있는 형상이다.

◉ 따라서 축토는 암이나 결석을 일으키는 요인으로 작용할 수 있고, 진토는 장기의 물혹이나 피부에 습진, 포진을 일으키는 요인으로 작용할 수 있다.

5.3.조후와 건강

① 육체건강
- 목 : 신경　　　　• 화 : 심장　　　• 토 : 피부, 위장
- 금 : 기관지, 폐　　• 수 : 신장
◉ 목이 약하면 근육이 약하다.
◉ 화가 약하면 심장이 약하다.
◉ 토가 약하면 위장이 약하다.
◉ 금이 약하면 폐, 기관지가 약하다.
◉ 수가 약하면 신장이 약하다.

② 정신건강
- 팔자에 수는 감정의 온도를 내리고 화는 온도를 올린다.
- 수가 많은 사람은 늘 차분하고 밖으로 에너지를 분출시키지 못하고 안으로 수렴하기 때문에 생각이 많다. 이러한 성향이 우울한 성향으로 나타나기도 한다.
- 화가 많은 사람은 늘 들떠 있고 생각하기 보다 행동으로 빨리 무언가를 이루고 싶어한다. 이러한 성향이 난폭한 성향으로 나타나기도 한다.
- 따라서 화가 많은 여름생은 성향이 급하고 노여움이 많을 수 있고, 수가 많은 겨울생은 성향이 느리고 우울감이 많을 수 있다.
- 만약 팔자 내에 다른 오행보다 수와 화가 많아 대립하고 있는 구조라면 수와 화의 성향이 반복적으로 나타날 수 있어 감정 기복이 심하다.

5.4. 일간과 계절

> - 만약 겨울에 금수(庚, 辛, 壬, 癸)일간으로 태어났다면 수의 우울감을 멋스럽게 느끼고 고독을 즐기며 산다.
> - 그러나 겨울에 목화(甲, 乙, 丙, 丁)일간으로 태어났다면 수의 우울함과 외로움을 벗어나려고 노력한다.

◎ 목왕절생은 대인관계에서 거리두기를 잘 못한다.

◎ 이를 습(濕)이라 한다.

◎ 목왕절생들은 사람 친화적이고 희망을 많이 품고 살기 때문에 사람에 대한 기대가 크다. 그래서 사람에게 상처받을 일이 많다.

◎ 금왕절생은 대인관계에서 거리두기를 너무 많이 한다.

◎ 이를 조(燥)라 한다.

◎ 금왕절생들은 독립성이 강하고 의심을 많이 품고 살기 때문에 사람에 대한 기대가 없다. 그래서 사람에게 상처받을 일이 적으나 고독하고 외로울 수 있다.

5.5. 육신의 변화

◎ 오행이 흐르듯 육신도 변화하며 흐른다.

◎ 여명(女命)에 식상이 자식이라고 해서 영원히 자식이 아니다.

◎ 자식이 자라서 부모가 되듯 식상이 변해서 인성이 된다.

◎ 즉, 식상은 자식 역할이고, 인성은 어머니 역할이다.

◎ 육신은 대인관계에서 역할, 처세를 보는 것이다

5.6. 일간의 근(根)과 통근

① 일간의 근

○	丙	○	○	–
未	午	巳	酉	
丁乙己	丙己丁	戊庚丙	庚辛	–
통근△	통근○	통근○	통근X	

● 일간과 같은 지장간만이 일간의 올바른 근이 된다.

● 지지에 일간과 같은 지장간이 있는 동기오행(同氣五行)의 글자는 비견 또는 겁재라 부르지 않고 일간의 근(根)이라 부른다.

② 통근

○	乙	○	丁	–
午	未	巳	酉	
丙己丁	丁乙己	戊庚丙	庚辛	–
통근○	통근○	통근△	통근X	

● 일간을 제외한 천간 글자가 특정 지지 지장간에 있을 경우

5.7. 억부

● 억부는 나(일간)와 세상(재, 관)과의 관계성을 살피기 위해 보는 것이다.

● 즉, 명주의 건강, 정서, 심리적인 부분이 아니라 사회성과 대인관계를 살

피는 것이니 오행을 이야기 하지 않고 육신을 이야기 한다.

5.8.신강 신약

① 신강 : 세상을 따라가지 않고 나만의 길을 가려고 하는 마음

● 따라서 신강은 나의 능력이 좋아서 내가 가려는 그 길에 사람들이 따라 오도록 해야 잘 살수 있다.

● 신강은 인왕과 근왕으로 나뉜다,

● 둘 다 왕하면 신태왕이라 한다.

② 신약 : 나만의 길을 가기보다 세상(재, 관)을 따르려고 하는 마음

5.9.인왕과 근왕

① 근왕 예시

○	丙	乙	○	男 命
○	○	巳	○	
－	－	戊庚丙	－	－
－	－	－	－	

● 지지에 일간의 근이 있을 때

● 어떠한 상황에서도 굽히지 않는 굳은 신념의 소유자이다.

② 인왕 예시

○	乙	壬	○	男　命
○	○	子	○	
－	－	壬癸	－	－
－	－	－	－	

● 월지에 일간의 인성이 있을 때

● 일간 위주로 행동해도 될만한 명분과 사람을 소유하고 있다.

5.10.여명의 임신과 출산

● 여명의 임신과 출산은 식상으로 보는 것이 아니다.

● 오행은 육체 및 정신 건강을 보는 것이고, 육신은 대인관계에서 처세를 보는 것이다.

● 그러므로 임신과 출산에 관련해서는 오행을 봐야 하며, 자식과의 관계성을 볼 때에 식상의 동태를 참고해야 하는 것이다.

● 여명의 조후가 무너지면 임신과 출산이 어렵다.

● 수생목(임신되다) 목생화(10달 동안 잘 키워내다)가 잘 되는 가운데 온도(지지의 온도)가 따뜻해야 임신과 출산이 원활하다.

● 수기가 너무 왕하면 계류유산 가능성이 높다.

● 화기가 너무 왕하면 착상이 힘들 수 있다.

5.11. 천간 육신의 혼잡

① 천간 재성 혼잡 : 관리 욕구와 확장성이 강하여 이리저리 공간의 변화가 잦을 수 있다. 이동이 많다는 뜻이 있다.

② 천간 식상 혼잡 : 명주가 하는 일의 변화가 잦을 수 있다.

③ 천간 관성 혼잡 : 내가 따르는 직장, 조직을 바꾸는 일이 잦을 수 있다.

④ 천간 인성 혼잡 : 인정 욕구가 강하여 이것저것 습득하는 것이 많으니 전공, 전문 분야의 변화가 잦을 수 있다. 혹은 이것저것 많은 것에 대해 관심이 많고 지식이 많을 수 있다.

● 혼잡이라는 것은 해당 육신과 오행에 대해서는 전문가적인 수준이라는 것이다.

5.12. 상관격에 대하여

● 상관격의 상관은 정관(기존의 질서, 체계)을 바꾸려고 하는 성향이다.

● 그래서 상관격이 정인을 갖추고(상관패인) 있으면 명분을 가지고 기존 질서의 불합리한 것을 수정한 것이다.

● 이때 정인이라는 공적인 명분 대신에 지지에 일간의 근(根)이 있다면 공적인 명분 보다 개인적인 사심으로 질서를 수정한 것이다.

● 그래서 상관격 명에 근이 있다면 상신과 구신을 갖춰도 파격이다.

● 근이 없고 상신과 구신을 갖췄다 하더라도 운에서 근이 들어오면 해당 기간에 또 파격이 된다.

● 이렇게 되면 성격과 파격을 넘나드는 삶을 살아간다.

5.13. 소극적 대인관계

● 조후를 살피는 관점을 한난조습(寒暖燥濕)이라는 온도와 습도로 비유한다.

● 한난조습 중 조(燥)는 대인관계에서 거리를 두는 성향으로 나타난다.

● 조의 유형에는 두 가지 유형이 존재하는데 난조(暖燥)와 한조(寒燥)가 있다.

● 하지부터 추분까지의 난조는 본인이 지쳐서 거리를 두는 것이고 추분부터 동지까지의 한조는 그냥 혼자 있고 싶은 것이다.

● 난조한 팔자에 계수라는 쉴 곳이 있으면 정서적으로 안정을 찾을 수 있다.

5.14. 진월과 술월의 계수

● 진월은 사오미의 화왕절로 가기 직전의 시점이라 수를 입고시키는 작용을 하므로 계수의 근이 될 수 있으나 기세는 매우 약하다고 본다.

● 반면 술월은 해자축 수왕절로 가기 직전의 시점이고 계수의 근이라고는 할 수 없으나 금왕절의 기운이 있어 진월 계수에 비해 강한 사람이다.

5.15. 천간 겁재가 있는 명

● 겁재가 있는 명은 나와 다른 뛰어난 무언가를 가진 사람이 눈에 들어 온다는 것이다.

● 겁재의 급이 높으려면 년간 또는 월간에 있어야 한다(사회적 포지션이 나보다 나은 사람을 의미).

● 그리고 겁재 옆(천간)에 어떤 육신이 있는지에 따라 그 겁재가 어떤 것을 가졌는지 알 수 있다.

◉ 관성 : 지위와 신분, 재성 : 관리능력, 인성 : 자격 또는 인기, 식상 : 재능

5.16.남녀간의 이끌림

◉ 팔자가 전체적으로 목화 중심이면 금수 중심의 명에게 끌린다. 반대의 경우도 마찬가지다.

◉ 본인에게 없는 요소가 매력으로 다가오기 때문이다.

◉ 다만 같이 살 경우엔 부딪히는 경우가 많기 때문에 잘 안맞다. 따라서 어느정도 다른 요소가 있지만 교집합이 있어야 궁합이 좋다고 할 수 있다.

◉ 예를 들어 사회적인 모습인 월지는 음양이 다르더라도 일지, 시지는 양 또는 음으로 결이 같은 명끼리의 궁합이다.

5.17.육신의 생화극제

◉ 사주 원국 내에서 상관생재, 재생관, 상관패인 등과 같은 육신의 상호작용과 운에서 일어나는 육신의 상호작용은 별개이다.

◉ 사주 내에 있다는 것은 항시 그것을 하고 있다는 것이고, 운에서 오는 육신은 그것을 하라는 것이다.

◉ 사주 내 천간에 있다는 것은 항시 그렇게 사회생활을 하고 싶은 생각을 계속 하고 있다는 것이고, 지지에 있다는 것은 본인의 행동이 천간과 별개로 그렇게 행하고 있다는 것이다.

◉ 물론 천간과 지지가 일치하면 생각한 대로 행동한다는 것이다.

◉ 단지 이것(천간과 지지가 일치하는)만으로 행위에 대한 긍정과 부정을

논하지 않는다.

- 그리고 지지의 어느 자리에 있느냐에 따라 개인적(日 時)으로 활용하는
  지 사회생활(年 月)에서 활용하는지에 대한 것을 판단할 수 있다.

5.18.대운에 대하여

- 만세력을 펼쳤을 때 나오는 대운수가 있다.
- 대운 변화의 시점은 그 대운수가 아니라 그 대운수 즈음이라고 생각하면
  된다.
- 정확히 그 대운으로 바뀌는 때는 세운이 일러준다.
- 가령 목대운이라고 했을 때 세운에서도 목화계열의 운이 와야 그 목대운
  으로 변화가 되는 것이다. 따라서 이는 사람마다 다르고 한사람 안에서
  도 대운과 세운의 조합에 따라 또 달라질 수 있음을 의미한다.

5.19.삼합되는 운에 대하여

- 운에서 월지와 삼합을 이루면 나의 재능을 사회를 위해 활용을 많이 한
  다고 읽는다.
- 삼합되는 육신 중 인성 삼합을 좋게 보는 이유는 인성이 결국 일간이 소
  유하는 것이니 삼합 중 인성 삼합을 가장 유용하다고 보는 것이다.
- 식상 삼합, 관성 삼합, 재성 삼합는 세상에게 맞추는 행위라서 개인적인
  이득은 인성 삼합에 비해 상대적으로 약하다.
- 비견 삼합은 일간이 먹여 살려야 하는 사람이 많으므로 많이 성취 하더

라도 많이 나눠줘야 함을 의미하므로 결국 사람이 남는 것으로 본다.

◉ 일지 삼합되는 운은 개인적인 것을 챙기는 운이다.

◉ 내 집, 내 사람, 내 건강, 내 물건을 챙기고 만들어가는 운이라는 것이다.

◉ 시지가 삼합되는 운은 내 미래를 위해 무언가를 만들고자 하는 것이다.

5.20.일간과 육신의 관계

◉ 일간이 정해지고 일간이라는 기준이 정해지면 팔자 내에 다른 글자들의 육신이 정해진다.

◉ 이 말은 천간 육신이 정해지므로 일간이 세상을 살아가면서 중점적으로 생각하는 것이 정해진다는 말이며, 지지 육신이 정해지므로 일간이 행위하는 형도 결정된다는 말이다.

◉ 다만 운에 따라 일간의 생각이 옅어지거나 더 강해질 수 있는 것이고, 일간의 행위를 제한하거나 가속화 시킬 수 있는 것이다.

5.21.사주 상담시 유의 사항

◉ 내담자의 질문에 따라 그에 맞는 관법으로 그에 맞는 부분을 읽어줘야 한다. 내담자의 질문에 따라 그에 맞는 관법으로 그에 맞는 부분을 읽어줘야 한다.

◉ 예를들어 미래에 대한 어떠한 꿈과 계획을 가지고 있느냐를 볼 때는 시(時)를 봐야한다.

◉ 그리고 내담자의 재능과 그 정도를 살피려는 월령을 살펴 당령과 그 조

합을 봐야 한다

5.22.인연에 대하여

◉ 일과 시의 지장간의 글자들은 개인적으로 친분을 쌓는 인연을 의미한다.

◉ 따라서 일과 시의 지장간 글자가 계, 신, 기, 임이 있다면 이런 글자가 있는 사람들과 개인적 친분을 쌓는 인연으로 받아들이게 된다는 것이다.

◉ 또 월 지장간의 글자들은 사회적으로 비즈니스와 관련하여 친분을 쌓는 인연을 의미한다.

◉ 그래서 년과 월 지장간에 신, 무, 병, 기, 정이 있다면 이런 글자가 있는 사람들과 같이 일을 도모하는 인연으로 받아들이게 된다는 것이다.

◉ 도움이 되는 개인적인 인연(특히 배우자)을 만나는 것은 이미 팔자 내에 정해져 있다.

◉ 명 내에 오행적으로 도움이 되는 글자(조후용신) 또는 육신적으로 도움이 되는 글자(격의 희신)이 일지(배우자 궁)에 있을 경우가 그러하다.

5.23.월지 육충

◉ 인신충과 사해충 : 일이 변하는 것, 업종을 바꾸는 것

◉ 자오충과 묘유충 : 하는 일은 같은데 환경이 바뀌는 것, 공간의 이동

◉ 축미충과 진술충 : 직장이 변하는 것, 이쪽을 따라갔다 저쪽을 따라가는 것

5.24.가을 목에 대하여

◉ 가을은 목의 계절이 아니니, 가을의 목은 기다림이 있어야 한다.

◉ 같은 목이라도 가을의 갑목과 을목은 입장이 다르다.

◉ 갑목은 수생목하는 목이고 을목은 목생화 해야 하는 목이라 그렇다.

◉ 비유하자면 갑목은 꽃을 안 피우고 겨울에도 푸를 수 있는 소나무와 같고 을목은 꽃을 피워야 하는 목이라서 그렇다.

◉ 그래서 갑목은 계갑병(수목화)까지만 가도 되고 을목은 을병경(목화금)까지 가야 한다.

◉ 그래서 갑목은 신유술, 해자축만 가도 되지만 을목은 신유술, 해자축, 인묘진, 사오미까지 가야 하니 더 오래 기다려야 한다.

5.25.월지의 변화에 대하여

◉ 운이 원국의 월지와 반응하면 직업 환경, 사회생활에서의 변화가 생긴다.

◉ 이때 월지가 비견, 겁재, 식신, 상관이면 자의적으로 변화하는 경우가 많다.

◉ 월지가 재성 또는 관성이라면 회사, 조직에서의 변화를 따르는 경우가 많다.

5.26.육신과 오행에 대하여

◉ 식신, 상관을 표현이라고 하는데 이는 꼭 말로하는 표현만을 말하진 않는다.

◉ 말을 함으로써 표현하는 방법도 있지만 꼼짝하지 않고 가만히 있는 것으로도 표현 할수 있다.

- 근본적인 기질은 오행을 봐야 하는데, 목화는 말과 몸으로 하는 표현이고 금수는 말하지 않는 표현이다.

- 어느 단체나 조직에서 장(長)자리를 맡으려고 하는 사람은 오행으로 목화가 있는 사람이다. (특히 목일간, 화일간)

- 그러나 그런 직책에 어울리게 임무 수행을 잘 할수 있는지는 육신을 봐서 판단한다.

- 재관이 있어야 책임감을 가지고 임무를 잘 수행한다고 본다.

5.27.오행의 순환

- 금생수가 잘 되면 유지력이 좋다. 이 말은 준비가 탄탄하여 변수와 변화에 잘 대응할 수 있다는 것이다.

- 따라서 금생수가 잘 되는 명이 목운에 새로운 것을 시작했다면 오래오래 갈 수 있다고 판단한다.

- 금생수가 잘 안 되는 명이 목운에 새로운 것을 시작했다면 즉흥적으로 시작했을 가능성이 크다. 오래 가지 않으니 금방 마무리 되는 일로 추진하면 된다.

- 그러므로 사주에 금생수와 목생화가 균형 있게 자리 잡으면 좋다.

- 이러한 관점으로 운을 볼 수 있는데, 을사년을 예로 들면 을사년은 목생화가 잘 되어 누구든 열정적으로 활동하는 운이다.

- 다만 팔자 내에 금생수가 잘 된다면 유지력이 좋아 끝내 실질적 결과물을 얻을 수 있을 것이고 금생수가 잘 안되고 목생화만 되는 명이라면 활

동 그 자체에 의의를 두거나 비교적 결과가 빨리 나오는 일에 집중하면 좋다.

● 월운에도 적용시킬 수 있다. 가령 정축월에는 화토금수(천간 정화와 축 중 계, 신, 기)가 다 있으니 팔자 다른 자리에 목이 있으면 정축월을 알차 게 잘 보낸 것이다.

● 운에서 부족한 오행을 팔자에 가지고 있다면 해당 세월을 잘 살아가는 것으로 본다. 그렇게 오행을 다 갖춘다는 것은 순환이 잘 되는 것이고 건 강히 보낸다는 것이다.

● 순환이 잘 안 되고 막히면 아픈 경우가 많다.

● 그래서 일주 간지 자체에 오행을 많이 가지고 있으면 순환이 잘 된다고 본다.

5.28.운법 참고 사항

● 세운을 보고 세운 지지와 사주원국 지지와의 관계성(형, 충, 합 등) 및 세 운 천간과 사주원국 천관과의 관계성(생화극제) 살펴서 그 해에 일어날 사건과 테마를 파악한다.

● 그 사건이 일어날 시점을 월운과 일운을 보고 집어낸다.

● 사회활동을 왕성하게 하는 나이대가 대략 30~60세인 경우 원국의 월지 를 중시하여 보지만 그 이상인 나이에서는 일시를 더 중점적으로 본다.

● 다만 나이가 많이 들어서도 왕성하게 사회활동을 하고 있다면 젊은 사람 들과 마찬가지로 월지를 중점적으로 참고하여 본다.

- 택일을 할 때는 어떠한 사안인지 사안의 크기와 종류에 따라 참고하는 명식이 달라진다.

- 사업체의 지배구조나 이권 개입자들이 많아도 개점, 개업 등을 택일할 때는 최종적으로 그곳을 실질적으로 관리·운영할 대표자의 생년월일시를 참고하여 정한다.

- 만약 공동대표라든가 사업에 대한 의사 결정권이 특정한 1인에게 위임되어 있지 않으면 결정권이 있는 사람 모두를 참고하여야 한다.

- 또 사업자는 A 이름으로, 실무는 B가 한다고 했을 때도 일의 진행을 살피려면 이 둘 모두의 명식이 필요하다.

- 그런데 자회사 간 또는 외부 회사와의 인수·합병이나 기업 운영의 방향성 등을 결정짓는 큰 사안이라면 지주회사의 법인 설립일을 참고하여야 한다.

- 그렇게 주체자가 정해지면 택일을 하게 되는데 이때 천간의 흉신날은 잡지 않는다.

- 천간 흉신날은 명주의 뜻이 반영되지 않았다고 느낄 수 있는 일진이라 그렇다.

- 천간 흉신날을 다 거르고 명주의 월지와 삼합이 되는 일진을 우선으로 꼽는다.

5.30.오행으로 보는 택일

◉ 기존에 없었던 새로운 것을 만드는 것은 목생화되는 날로 택일한다. (병인일에 하면 가장 무난하다.)

◉ 기존에 있었는데 리모델링이라던지 기존의 이미지를 쇄신하고자 할 때에는 금극목이 되는 날로 택일한다.

◉ 기존에 있었는데 확장까지 하는 것이면 금생수 수생목까지 되는 날로 택일한다.

5.31.출산일 택일

◉ 사실 이런 택일을 하지 않아도 일이 진행됨에 따라 자연스럽게 어울리는 날에 일이 일어난다.

◉ 만약 출산일을 택일한다고 하였을 때, 부모 팔자에 있는 아이가 나오는 것이지 없는 아이는 나오지 않는다.

◉ 예를 들어 산모의 팔자에 비겁이 많다고 하면 그 아이는 인성 다자로 태어나게 될 확률이 높다.

5.32.동업에 대하여

◉ 비견이 있는 사람은 동업을 원할 수 있다. 좋게 말하면 협력이라 할 수 있다.

◉ 겁재가 있는 사람은 동업하고자 움직이지 않는다.

◉ 비견이 있어 동업하게 되면 내가 잘하는 부분과 상대가 잘하는 부분을

합쳐서 결과를 보고자 한다. 협력과 연대

5.33.천간은 사람의 이미지

- 경금 임수는 열심히 사는 것 같아 멋져 보인다.
- 신금 임수는 사람 그 자체로 멋져 보인다.
- 을목 병화는 실적이 있어서 능력이 있어 멋져 보인다.
- 갑병은 긍정적으로 보여서 멋져 보인다.
- 임수와 병화가 친근한 이미지에 기본이다. 대중적인 느낌을 주기 때문에 그렇다.
- 계수, 정화, 무토가 천간에 떠 있으면 뭔가 답답하고 막혀 있는 것 같아 사람이 어렵다고 느끼게 된다.

5.34.흉신의 제어

- 편인을 잘 쓰려면 재극인이 되어야 한다. 재성으로 인성을 제어하여야 한다.
- 흉신을 제어하여 쓰면 길신처럼 쓸 수 있다는 얘긴데 그렇다고 길신으로 바뀌는 것은 아니다.
- 편인의 재극인은 현실 논리에 맞게끔 편인을 쓰는 것이다.
- 이것을 보고 길신처럼 쓴다는 얘기를 하는데 사실은 정인의 측면도 있고 편인의 측면도 있는 것이다.
- 만약 겁재가 있다면 정관으로 극을 해야 비견으로 쓸 수 있다.

● 정관이 있다면 겁재가 하는 말을 곧이곧대로 믿지 않고 한번 더 검증하는 과정을 거친다.

● 또한 겁재와도 동업하기도 한다.

● 흉신이 제어가 안 되는 명(命)은 항상 억울하다고 호소하는데, 그것은 객관적으로 봤을 때 균형 있는 사고를 하지 못해 사건·사고가 따르기 때문이다.

● 편관이 제어가 안 되면 나쁜 권력자의 감언이설에 속아 그 사람을 대신해 궂은 일을 하다 배신당한다.

● 편인이 제어가 안 되면 사람에게 정을 주다 배신당한다.

● 상관이 제어가 안 되면 일에 대한 배신이 있다. 이 일하다 저 일하다 자꾸 일이 끊긴다고 호소한다.

● 겁재 제어가 안 되면 관리를 하고 싶은데 맘대로 안되서 배신당했다 억울하다고 한다.

● 남자의 경우 여자한테 배신당했다고 할 수 있다.

● 흉신을 제어하는 또다른 방법은 암합으로 무력화시킬 수 있다

● 가령 예시2.의 명조에 해수가 있다면 천간 정화를 해중 임수와 합을 하여 상관합살로 묶어둘 수 있다.

● 상관합살은 로비와 청탁 밀실야합과도 비슷하다.

● 다만 이렇게 될 경우 지지로 토극 수 하는 운에 합이 풀려 사건화 되어 드러날 수 있다.

5.35.진술축미 토에 대하여

- 토 안에는 나름의 속사정이 들어있다.

- 진토는 신분과 지위를 숨길 수 있고, 술토는 소유물을 숨길 수 있다.

- 시에 있는 용신이 대운을 만나 발현된다는 것은 내가 꿈꾸고 원하는 대로 미래의 삶이 펼쳐지는 것이다.

- 토는 계절과 계절 사이의 연결고리, 중간다리, 완충지대 역할을 하며 새로운 국면으로 전환되는 시기이다.

- 그래서 토운은 발전을 의미하기도 하고 중간 지점이다 보니 진행하다가 잠시 멈추고 생각하게 되는 일을 겪는다.

- 만약 진술축미가 다 있으면 가다 서다 가다 서다를 반복하게 되는 머뭇거리고 갈등하는 사람이라는 것이다.

- 토운이 전환기의 역할을 하다 보니 판단하고 결정할 일이 많아 지는데 이 과정에서 갈등이 빚어진다.

- 진토의 역할은 목생화하는 역할인데 원국에 목화가 있으면 진월이라는 환경을 잘 이용할 수 있어 도움이 되나 금수만 있으면 도움이 되지 않는다.

지지토	辰	未	戌	丑
역할	목생화	화생금	금생수	수생목

- 미토의 역할은 화생금하는 토, 술토의 역할은 금생수하는 토, 축토의 역할은 수생목하는 토이다.

- 술월생은 정화가 있어야 자신의 가치가 높아진다(화극금 금생수).

◉ 만약 일간이 정화 일간이라면 내 노동력 투입한 만큼 내 가치를 평가받을 수 있다.

◉ 유술월령생은 만들어진 상품을 임수를 통해 널리 보급을 하는 것이 우선이므로 임수를 선용하고 정화는 후용한다.

◉ 진월생이면 목생화를 준비하는 시기니 원국에 화가 있어야 한다. 이때 수생목이 있으면 좀 더 가치가 있는 것이다.

◉ 인신사해 시작할 수 있는가?, 자오묘유 유지할 수 있는가?

◉ 술월에 수가 없으면 갇힌 것이다.

5.36.합화에 대하여

◉ 丁壬합해서 木氣로 화(化)하려면 지지에 木이 있어야 한다.

◉ 卯戌합해서 火氣로 화(化)하려면 천간에 火가 있어야 한다.

◉ 지지 육합은 혹처럼 붙어서 항상 같이 움직여야 한다. (이인삼각과 같음)

◉ 그래서 원국에 육합이 있는 사람은 구성원이랑 관계가 좋아야 한다.

5.37.토의 개고, 입묘 현상

◉ 지지의 토는 각자 고유한 삼합운동 및 이와 더불어 다음 계절을 맞이하기 위해 이전 계절의 기운을 잠시 활동 정지시키는 역할을 한다.

토의 입묘 현상				
지지 토	辰	丑	戌	未
입묘되는 천간	壬	庚	丙	甲

◉ 진토는 임수를 넣고 축토는 경금을 넣는다.

◉ 술토는 병화를 넣고 미토는 갑목을 넣는다.

◉ 양간만 들어가고 음간은 들어가지 않는 건 양간이 활동성이 강하고 음간은 알아서 들어가기 때문이다.

◉ 토의 입장에서는 계절의 순환을 위해 양간을 보호하기 위해 토 속에 잠시 품고 있는 것이다.

◉ 음간은 삼합의 목표가 같아서 알아서 토 속으로 들어가나 양간은 달라서 억지로 잡아서 들어가게 만듬

◉ 양이 가득 차면 유지하기 위해 음을 만든다.

◉ 술토라는 창고에는 병화가 들어갈 수 있는데, 병화가 들어가 있다면 충이 올 때 창고에서 니온다.

◉ 팔자 원국에 창고에 해당하는 글자가 있으면 내것을 집어 넣는 것이고 운에서 오면 내 것이 아닌 것을 집어넣는 것이다.

◉ 식상고가 있고 집어넣을 식상이 있으면 자식 문제가 생긴다(유산, 내 일의 진행이 막히는 등).

◉ 관고가 있고 집어넣을 관성이 있으면 남편, 직장 문제

◉ 인성고가 있고 집어넣을 인성이 있으면 어머니 문제 또는 가방끈이 짧아지는 문제

① 인성 : 어머니 문제, 학력이 짧아짐
② 식상 : 진로 변경, 여명–자식 문제
③ 관성 : 여명(남편문제 – 일지 관고), 직장(사회적 지위) 몰락
④ 재성 : 남명(아내문제 – 일지 재고), 재물(자산) 몰락
⑤ 비겁 : 형제 문제, 경쟁자의 몰락

- 보통 육친에 대한 입묘현상은 한번 정도만 온다.

- 음간보다 양간이 사건·사고가 많다.

- 년의 토충은 법적문제와 해외 이동 수, 옛날에는 조상 묘자리 변경

- 토의 형충은 맞지 않아 고치고 바로잡는 과정의 사건이다.

- 주로 내부적인 갈등을 바로잡는 것 내 몸안에 있는 장기 또는 인간관계

5.38. 토와 운의 작용

- 토가 없어지는 때는 토가 합될 때 만약 진토라면 자수운에 토 고유의 역할을 하지 않는다.

- 진월생 천간에 임수가 있어도 년지가 자수이면 자진 합되어있어 술토가 와도 임수를 입묘하지 않는다.

- 왕지합, 충, 육합이 오면 토의 역할을 하지 않음

- 토 충은 사건이 생기고 곪았던 문제가 터져서 해결이 되는 것으로 나타난다.

- 토 삼합은 원래 토의 용도가 있는데 삼합이 될 때만 합된 오행의 목적으로 쓰인다.

- 육합은 하나 더 붙이는 것으로 나타난다.

● 진토 : 할까 말까 고민하는 것 자수가 있으면 한 개 정리하고 새로 시작할 수 있다.

● 미토 : 화생금 돈이 되는가 안 되는가 고민하는 상태 그래서 미월생 금이 있으면 결과를 잘 만든다. 금이 없으면 판단이 잘 안 됨. 수생목으로 교육받고 목생화로 경험까지 한 뒤 금으로 넘어가는 기로에 있는 것으로 학식과 경험을 겸비하여 제일 어른스러운 토다.

● 술토 : "수(水)"라는 새로운 세계로 나갈까 말까를 고민하는 것

● 축토 : 아이 같은 것. 지금 내 상황에서 모자람이 없는지 체크하는 것

● 원국에 진토가 있고 임수가 있으면 내 사건, 운에서 오는 건 타인의 사건으로 인식한다. 만약 인성고와 천간에 인성이 있는 자식과 그렇지 않은 자식이 있다면 고에 인성을 입묘시키는 자식은 어머니의 죽음을 절절히 슬퍼하지만 그렇지 않은 자식은 상대적으로 담담할 것이다.

● 을목이 미토를 갖고 갑목겁재가 있다면 을목은 겁재가 입고되니 좋다.

● 미월 을목일간이 월간 계수 년간에 갑목이 있을 경우 일간은 갑목 겁재의 인성을 활용한다.

● 미월의 을목일간 겁재 갑목이 있을 때 나와 결이 다른 사람, 나와 맞지 않는 사람, 경쟁자가 힘들어하는 것을 내가 목격하게 된다(겁재의 입묘지를 들고 있어서).

● 입묘지를 가지고 있는 상태에서 그 입묘지에 들어갈 양간이 원국에는 없으나 운에서 오면 입묘하는 현상을 목격하게 되는 것이지 본인과 관계는 없다.

5.39.토대운 보는 법

◉ 토대운은 수생목, 목생화, 화생금, 금생수의 사시(四時)적 관점에서의 계절 운동성의 교차 시기다.

◉ 따라서 진대운이면 수생목해도 되고 화생목을 해도 되는 운이다.

◉ 만약 대운 순행 명이 수생목 보다 목생화가 잘 되는 명이면 진대운이 들어오자마자 변화할 수도 있다.

◉ 원국에 화가 없으면 목생화를 미루다 미루다 사대운이 올 때 쯤 하게 되는데, 이때 그 미룬 것에 대한 사건이 일어날 수 있다.

5.40.진술축미 보충설명

◉ 진술은 사회적인 모습 큰사건이 일어남

◉ 축미는 사람간의 사건이라 안 들어 날 수도 있다.

◉ 따라서 월지에는 진술, 일지에는 축미를 안 가지고 있어야 좋다.

◉ 진술의 문제는 큰 일에 대한 사건사고를 예고하는 것인데, 큰 운동성을 가진 양간과 간지로 만나니 사건이 일어날 수 있는 잠재력을 갖췄다고 보는 것이다.

◉ 갑, 병, 무, 경, 임은 행하려고 하고 을, 정, 기, 신, 계는 유지하려고 하는 것이다.

◉ 갑진 일주는 일지 진토에 수인성이 입묘 시키니 배신을 한다는 것이다. 나를 밀어 주는 것을 입묘시켰으니 배신이라 한다.

◉ 갑목은 화라는 미래로 행하고자 하였으므로 수를 버린 것이다. 갑진일

주 엄마말을 안 듣는다 내가 알아서 한다는 마음

- 갑술 일주는 일지 술토에 화식신을 집어넣으니 여명의 경우 아이 때문에 본인의 사회 활동에 장애가 생긴다.

- 임진 일주는 일지 진토가 임수 자신을 집어 넣으니 내가 한번 실패하고 다음에 성공하는 것이니, 죽기 아니면 살기로 덤벼드는 사람이 된다.

- 음일간도 신축 일주처럼 동주 입묘지를 두고 있으면 문제를 만들기도 한다.

12지지별 지장간 그림

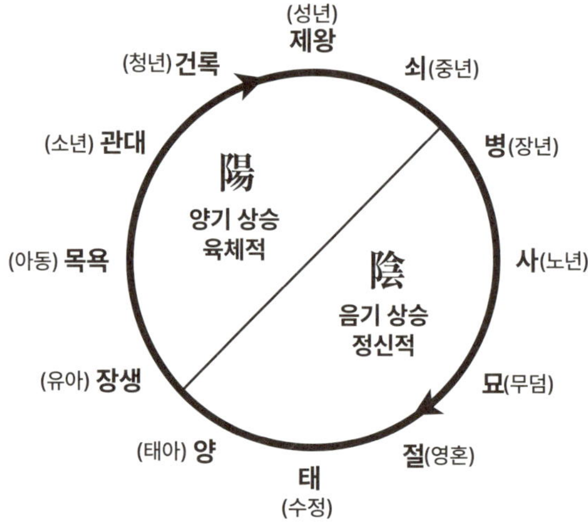

12운성 흐름도

구분	장생 (長生)	목욕 (沐浴)	관대 (冠帶)	건록 (建祿)	제왕 (帝旺)	쇠 (衰)	병 (病)	사 (死)	묘 (墓)	절 (絶)	태 (胎)	양 (養)
甲	亥	子	丑	寅	卯	辰	巳	午	未	申	酉	戌
乙	午	巳	辰	卯	寅	丑	子	亥	戌	酉	申	未
丙	寅	卯	辰	巳	午	未	申	酉	戌	亥	子	丑
丁	酉	申	未	午	巳	辰	卯	寅	丑	子	亥	戌
戊	寅	卯	辰	巳	午	未	申	酉	戌	亥	子	丑
己	酉	申	未	午	巳	辰	卯	寅	丑	子	亥	戌
庚	巳	午	未	申	酉	戌	亥	子	丑	寅	卯	辰
辛	子	亥	戌	酉	申	未	午	巳	辰	卯	寅	丑
壬	申	酉	戌	亥	子	丑	寅	卯	辰	巳	午	未
癸	卯	寅	丑	子	亥	戌	酉	申	未	午	巳	辰

육신을 나누는 기준	육신의 길·흉		격의 길·흉		육신의 음·양	
	길신	흉신	길격	흉격	정성	편성
	정인	편인	정인	양인(겁재)	정인	편인
	정관	편관	정관	건록(비견)	정관	편관
해당	식신	상관	식신	상관	정재	편재
육신	비견	겁재	정재	편관	상관	식신
	정재	–	편재	–	겁재	비견
	편재	–	편인	–	–	–

봉법 활용 예시도

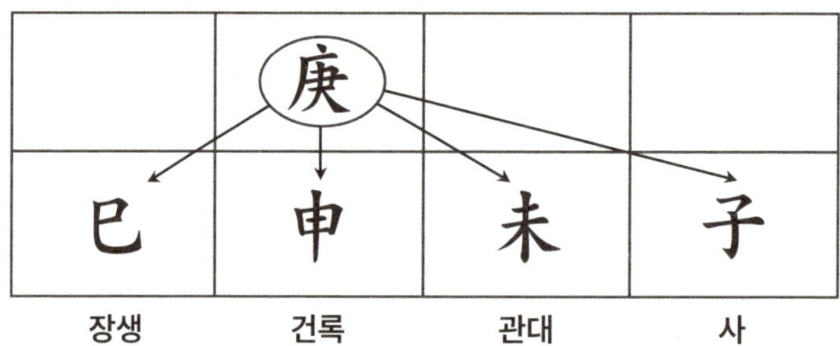

거법 활용 예시도

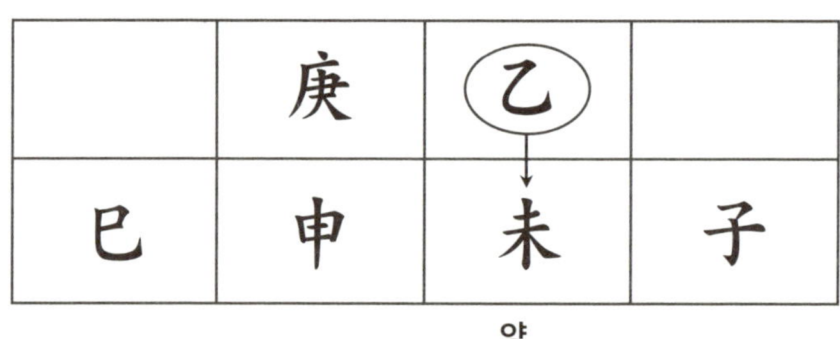

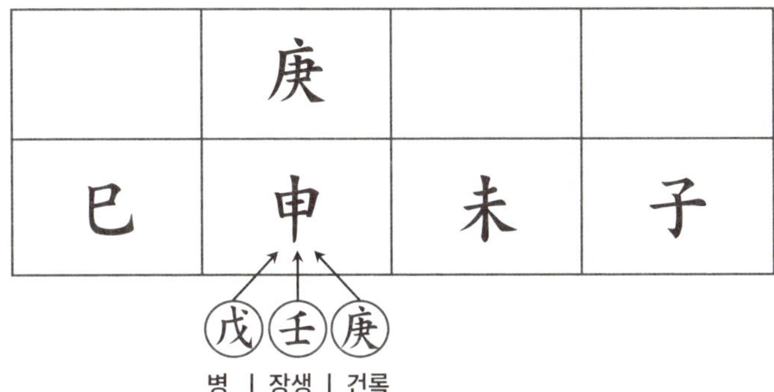

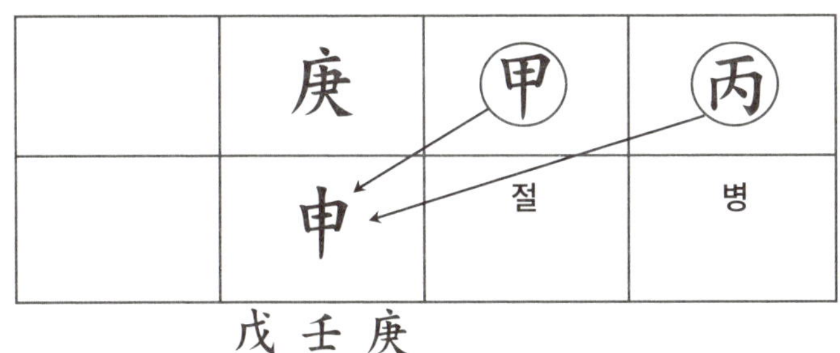

명지쌤의 명리인문학 **중급편**

명리학의 정석, 명지현 풀다

초판 1쇄 발행 2026년 4월 20일
글 이승남
발행처 도서출판 피서산장   **발행인** 박상욱
디자인 엠애드컴
출판신고 2018년 6월 12일 제2022-000002호
주소 대구광역시 중구 이천로 222-51
전화 070-7464-0798   **팩스** 053-321-9979
전자우편 badakin@daum.net

ⒸExpand이승남 2026
ISBN 979-11-92809-17-5(93180)